马克思青少年时代

主　　编　闫　玉

副 主 编　孔德生　　王雪军

本册作者　谢　特

中华工商联合出版社

图书在版编目（CIP）数据

马克思青少年时代 / 谢特编著. --北京：中华工
商联合出版社，2014.3
ISBN 978-7-80249-983-6

Ⅰ．①马… Ⅱ．①谢… Ⅲ．①马克思，K.（1818～
1883）－生平事迹－青年读物②马克思，K.（1818～1883）
－生平事迹－少年读物 Ⅳ．①A711-49

中国版本图书馆 CIP 数据核字（2014）第 034650 号

马克思青少年时代

作　　者：	谢　特
出 品 人：	徐　潜
策划编辑：	魏鸿鸣
责任编辑：	徐彩霞
封面设计：	徐　超
责任审读：	郭敬梅
责任印制：	迈致红
出版发行：	中华工商联合出版社有限责任公司
印　　刷：	固安县云鼎印刷有限公司
版　　次：	2014 年 4 月第 1 版
印　　次：	2021 年10月第 2 次印刷
开　　本：	155mm×220mm　1/16
字　　数：	56 千字
印　　张：	8.75
书　　号：	ISBN 978-7-80249-983-6
定　　价：	38.00 元

服务热线：010－58301130
销售热线：010－58302813
地址邮编：北京市西城区西环广场 A 座
　　　　　19－20 层，100044
http：//www.chgslcbs.cn
E-mail：cicap1202@sina.com（营销中心）
E-mail：gslzbs@sina.com（总编室）

工商联版图书
版权所有　侵权必究

凡本社图书出现印装质量
问题，请与印务部联系。
联系电话：010－58302915

目 录 *Contents*

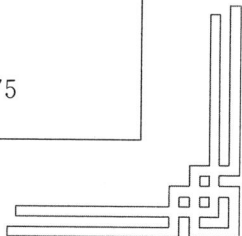

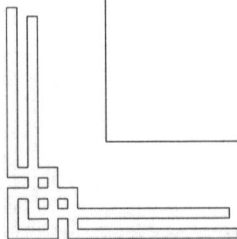

一、出身名门，家境殷实

（一）律师父亲

我听到，远方的阵阵声响，
正汇合成合唱；
我看到，晴朗的天空灿烂辉煌，
它忽而升起，忽而又徐徐下降。
我克制着心中的矛盾，

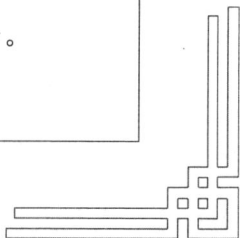

把快乐和痛苦都灌注到诗章。

我的心灵披上了柔软的衣裳，
它有如悬崖峭壁巍然耸立，
在你心中永远燃烧的火光，
点燃了我心中的明灯，
各个形象无不含情脉脉，
渴望和自己的创造者重聚一堂。

——《献给父亲》

马克思

"法官大人，我认为原告是故意捏造虚假证据嫁祸于我的当事人，我们已经拿出很多证明我当事人不在场的合理证据——"亨利希话还未说完。

"我反对，法官大人！"对方辩护律师亢奋地反驳起来，好像容不得法官有丝毫改变想法的时间。

法官大人此时已经心中有数，再加上官司已经前前后后打了快两个月了，是时候定论

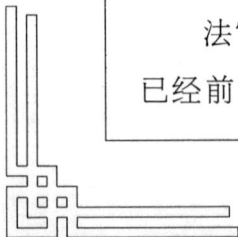

了，法官大人随即表明了态度："反对无效，被告律师可以继续。"

就这样，又过了大概半个小时唇枪舌剑的辩论，法官和陪审团最终给出了公正的判断，当然，此时此刻也到了最紧张的时刻，究竟这场官司谁输谁赢马上就要见分晓了。

原告方此时更加紧张起来，原告律师在胸前画着十字，同时还小声念着祷告词，又不时地将视线瞥向亨利希和始终面色不改的法官，然而这只能带来更强的紧张感。

再看亨利希，这已经不知是他打的第几百场官司了，无论经验还是技巧，他早已十分娴熟，在当地业内也是响当当的大律师。所以这种场面他根本不会紧张，可谓胸有成竹，志在必得。只见他不时地和被告方说点什么，表情轻松，略带微笑，看样子是在缓解被告方的紧张情绪，或者提起他们的信心，告诉他们一定会赢，因为他是亨利希。

"我宣布，被告无罪释放！"法官大人洪亮的声音穿透了整个法庭，被告激动得立刻冲向

了他的家人，他们紧紧地抱在了一起。

原告律师此时气得将手直往桌上撞，而亨利希还是那样，依旧沉稳淡定，面不改色，他只是和当事人说了一句："恭喜，我说过的嘛，一定会没事的，我们一定会赢的！"

"谢谢您，您真是我们最伟大的救星，真的，谢谢您啦！"说着，亨利希的当事人眼眶湿润了。

"好了，现在一切都没事了，我只是用证据说话，用事实来辩护，这都是我应该做的。"

……

这位亨利希先生，全名是亨利希·马克思，德国特利尔城的首席律师，不仅为人善良正直，而且才华出众，是当地家喻户晓的大律师，他经手的官司，几乎没有失败的；同时，为了养家，亨利希也出任政府的法律顾问，可以说，他是一个在社会上很有名望的人。

"终于结束了这长达两个月的'战役'，今晚回家要好好庆祝一下，买点孩子们最爱吃的糖果甜点，相信他们一定会很开心，也要给我

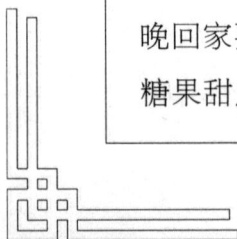

亲爱的夫人罕丽达买点她最爱吃的水果……"亨利希在心里默念着，脸上写满了幸福的笑意。

伴随着一阵敲门声，四个孩子争相跑着去开门，还兴奋地喊着，声音此起彼伏："是爸爸回来了，一定是亲爱的爸爸回来了！"

个子最高的姐姐索菲亚把门打开，孩子们无比喜悦地拥向亨利希，唯一的男孩卡尔调皮起来，趁亨利希不注意，一下子抢走了他手中的美味食品，并像发现了新大陆一样很有成就感地飞奔进了厨房，第一时间向妈妈炫耀起来："妈妈，妈妈，看，爸爸带回来的美味，我抢到了！"

"臭卡尔，又调皮了，快，和你的姐姐妹妹一起吃。"卡尔的妈妈充满爱意又略带无奈地抚摸着小卡尔的头说道，一边又和亨利希对视了一下，仿佛在说："亲爱的，辛苦了，我们这几个可爱的小家伙一天天无忧无虑地成长，多么幸福啊，我爱你，我的亨利希。"

这时，卡尔的姐姐妹妹和亨利希亲吻了面

颊后也向厨房追来,她们喊叫着:"卡尔,快把东西拿过来,我们一起分享!"

卡尔向他的姐姐妹妹做了个鬼脸,又跑了起来,"嘻嘻,快来呀,追上我才可以分享,来呀,来呀!"

一时间,屋子里又热闹了起来,几个小家伙乱窜着,急得亨利希夫妇又爱又恨,这就是无比幸福的亨利希·马克思一家人。

晚饭过后,和往常一样,一家人围坐在地毯上聊天,这也是他们每天最幸福的时光,孩子们总是喊着让亨利希给他们讲故事,卡尔就是其中最渴求的一个,也是最聪明的一个。

卡尔·马克思可以说继承了父亲所有的优点,并且青出于蓝而胜于蓝,小小的他经常打断父亲,接着他的故事讲,却更显身临其境,总是令一家人无比惊奇又惊喜。

卡尔如此聪慧,又是家里唯一的男孩,一直深受亨利希夫妇的疼爱。亨利希也对卡尔给予了无比深厚的期望,希望他将来能够成就自己的事业,成为一名优秀的律师。

　　所以，亨利希一有时间就会向他的小卡尔讲述很多他的人生经历，比如怎样待人接物、怎样知己知彼、怎样提升自身的修养等，并给他讲了很多自己见到的各种各样的人和事儿，还总结成各类有益的知识和经验，这些都使小卡尔受益匪浅。

　　正是由于小卡尔聪慧的天赋和勤奋的学习精神，再加上亨利希夫妇对其细致入微的引领和指导，小卡尔所有的小学课程都是在家中完成的，并且他所掌握的知识量早已远远超过了小学课程所包含的范围。此外，小卡尔还有很多进行户外游戏的时间，这也成为他童年生活的重要组成部分。

　　小卡尔常常和小伙伴们到特利尔城西侧的摩塞尔河玩耍，这条河是莱茵河的支流，周围群山环绕，景色十分优美，是孩子们绝佳的天然游乐场。特利尔城历史悠久，充满浓厚的民族气息，所以城里的文物古迹也很多，小卡尔也早就在亨利希的故事中知道了这些文物们传奇的前世今生。

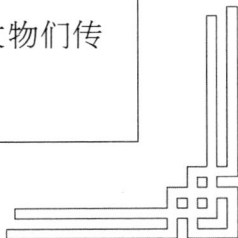

童年就应该这样，无忧无虑地玩耍，开开心心地奔跑，尽情放纵地撒欢儿。

（二）生日礼物

婴儿躺在母亲的怀抱，
是那么安谧宁静，
仿佛只有他，
属于自己的母亲。

母亲摇动着孩子，
啊！他多么惹人喜爱！
母亲的眼中闪闪发光，
目光中洋溢着慈祥的母爱。

母亲凝视着婴儿的面庞，
孩子是那样的安逸温和，
母亲的脸上露出温柔的微笑，

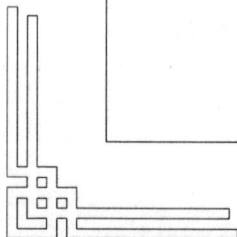

正和孩子戏耍逗乐。

——《母亲》

马克思

罕丽达·普勒斯堡，是卡尔的母亲，更是亨利希的贤内助。虽然她只是一位勤劳善良的普通家庭妇女，但是她却将这一家的平凡生活打理得有滋有味，绝对是一位贤妻良母。

她其实养育过九个儿女，却只有四个孩子生存了下来，也就是小卡尔和他的三个姐妹。所以，罕丽达把所有的爱和精力都用来无微不至地照顾这四个最亲爱的孩子，看着他们一天天地成长，罕丽达感到十分满足幸福。

就说小卡尔吧，虽然没少让罕丽达操心，但她却十分疼爱。她知道小卡尔每次过生日都会向她和亨利希要一个生日礼物，这不，马上就到小卡尔的 10 岁生日了，她早就开始准备了。

一天，晚餐过后，罕丽达特地和亨利希说起了小卡尔的 10 岁生日，她说："我亲爱的亨

利希，我们可爱的小卡尔马上就 10 岁了，我真的很幸福很骄傲，我们的儿子如此健康又快乐，他都已经 10 岁了，今年的生日，我们该送他什么礼物好呢？"

"是啊，我亲爱的罕丽达，卡尔都 10 岁了，所以我们今年应该送他一个特别的礼物，嗯，我得好好想想这件事情。"亨利希认真地思考起来。

"特别的礼物，那一定不是玩具，也不是书籍，会是什么呢？"罕丽达好奇地望着亨利希。

"嗯，我暂时还没想好，可能不会是具体的形式上的礼物，但我想会是很有意义的礼物，我大概知道要送卡尔什么礼物了，你就到时候和孩子们一起等待我的礼物吧。"亨利希此时竟也像个孩子一样调皮地对罕丽达笑了起来。

两人幸福地依偎在一起，望着在客厅中玩耍的孩子们，此时，时间就像停在了这一刻，一家人都享受着晚餐后的舒适和轻松。

到了小卡尔过生日的这一天，亨利希早早地就下班回到了家，罕丽达也早已将孩子们最爱吃的佳肴摆满了餐桌，并且还将房间布置得比往日更加温馨。

姐姐索菲亚还特意画了几幅小画送给她的小卡尔，是一组俏皮的四格漫画，索菲亚用漫画再现了小卡尔生活中的各种样子，有玩耍的，有看书的，还有哭鼻子的，很是可爱。

小卡尔自然很是珍爱，他立刻拥抱了索菲亚，并亲吻了她的脸颊："我亲爱的姐姐，谢谢你的礼物，我真的很喜欢。"

卡尔的两个小妹妹也在旁边争相抢着漫画看，卡尔开心地哄着她们玩，此刻，孩子们都无比开心，小卡尔更是在心里琢磨着爸爸妈妈会给他什么惊喜。

过了一会儿，罕丽达就把一家人都呼唤到餐桌旁，全家人都为小卡尔唱起了生日歌，大家都沉浸在这愉快的旋律中，罕丽达和亨利希还站起来跳起了轻快的舞，小卡尔和他的姐妹们也站起来，学起了爸爸妈妈，房间里充满了

温馨。

直到跳累了，这一家人才坐了回去，正式开始了小卡尔的生日庆祝晚餐。小卡尔早就等不及了，他稚气地说道："爸爸妈妈，今年的生日礼物，快给我吧，我都等了一整天了。"

一旁的姐妹也在兴奋地帮小卡尔起哄："是什么礼物呀，爸爸妈妈?"

妈妈此刻做出了十分可爱的"我也很好奇"的表情，弄得四个孩子更有兴趣了。

这时，亨利希轻轻地咳了一下嗓子，说道："好的，我亲爱的孩子们，我的小卡尔，今天是你的 10 岁生日，我和你的妈妈都为你感到骄傲，一转眼你这个淘气的小家伙都 10 岁了。不过呢，今年，我们送给你的生日礼物和往年不太一样，不是玩具——"

"爸爸，快拿出来吧，我都等不及了!"还没等亨利希说完，小卡尔就着急地喊道。

"卡尔，今年我们送给你的礼物其实是一个故事。"亨利希不紧不慢地说道。

孩子们有点失望，怎么只是一个故事呢?

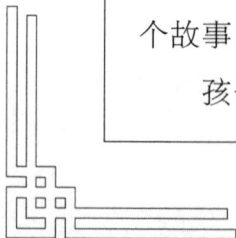

不过小卡尔从小就是个故事迷，一听爸爸要讲故事，立刻又兴奋了起来，他的姐妹们也都对爸爸即将要讲的故事充满了好奇。

亨利希讲道："这虽然只是个故事，但是爸爸认为很有意义，非常感人，我也希望你们四个都能好好地分享这个故事。"

"这是一个希腊神话故事，相传很早很早以前，人世间没有火，人们不得不忍受夜晚的严寒，又因为没有火，只能吃生冷的食物，所以当时的人们大部分都因疾病和寒冷而可怜地死去了……"

亨利希正绘声绘色地讲着，只见小卡尔在旁边早已兴奋难耐，他大声地接着爸爸的故事讲道：

"所以，伟大的英雄普罗米修斯就出现了，他是希腊众神之一，他早就深知人民生活的疾苦，真心地同情怜悯他们，他很想为人们做一些事来改善他们的生活。于是，他向宙斯诉说了人间的情况，并提出要把天上的火种送给人间。可是，他没想到的是，宙斯对此却极不同

意，我的姐妹们，你们猜，此时普罗米修斯会怎样做？他是否能成功为人们带去火种呢？”

“嗯，我相信他一定可以的，但宙斯权力那么大，他做起来会很难吧?”最小的妹妹用疑惑的表情说道。

小卡尔温柔地摸了一下小妹妹的头，继续讲道：“正如我们担心的那样，这件事真是太难了，难得我们伟大的普罗米修斯也束手无策，所以在希望和现实的挣扎中，他采取了一个万般无奈的却也是唯一的办法，你们猜猜是什么？”

“难道是不经宙斯同意，硬把火种带去人间吗？这样的后果很严重，他真的会这样做吗?”姐姐索菲亚若有所思地说道。

“是呀，这次真的把普罗米修斯逼到了绝境，于是他背着宙斯，盗出火种送给了人间。所以，人类从此就比以前幸福多了，可以吃烤熟的食物，避免了细菌的感染；夜晚也可以摆脱寒冷的侵入，有了光明和温暖，真的很美好。”小卡尔说着说着，眼睛睁得大大的，目

光在灯光的映衬下更显得炯炯有神。

"喔，太好了，普罗米修斯太厉害了!"三个姐妹高兴地欢呼着。

小卡尔面色一转，换了一种语气继续讲道："可是，宙斯毕竟神通广大，他很快就发现了这件事情，他相当生气，认为普罗米修斯完全不把他放在眼里。宙斯派出火神带着神兵抓住了普罗米修斯，这还不止……"

"那普罗米修斯一定会很惨吧，怎么办呀?"小妹妹天真地问道。

"确实惨不忍睹，他被宙斯派神兵绑在了高加索山崖上，经受狂风暴雨和烈日骄阳的折磨，这还不够，宙斯还特意派去一只极其凶残的恶鹰，让它每天去啄食普罗米修斯的内脏，然后每天晚上又让他再长出新的内脏，第二天再被恶鹰吃掉，就这样，循环往复。可是我们伟大的普罗米修斯并没有屈服，直到最后被解救，他还是骄傲地挺立着，因为他知道自己的所作所为都是正确的，他不是罪人!"

故事讲完了，亨利希和卡尔的姐妹们都惊

呆了，惊呆的不只是这个故事，更是小卡尔的知识量和讲述能力，他完全超越了其年龄通常所具有的能力。

亨利希幸福地抱起了他的小卡尔，高兴地亲着他的小脸颊，说道："卡尔，真没想到你已经知道这个故事并能如此出神入化地讲出来，爸爸真是太高兴了，小卡尔，你总让我这么欣慰，我的好儿子。"

整个晚上一家人都沉浸在小卡尔过生日的快乐气氛中，跳着，闹着，笑着，相拥在一起。

（三）小伙伴们

小鼓儿不是小矮人儿，

小矮人儿也不是小鼓儿，

小鼓儿聪明过人，

小矮人儿呆头呆脑。

小鼓儿被拴着，

小矮人儿呆站着，

小矮人儿站累就倒下，

小鼓儿坐得稳稳当当。

小矮人儿于是大发脾气，

敲打得小鼓儿叮咚响，

小鼓儿笑得抖抖动动，

小矮人儿气得摇摇晃晃。

——《小矮人儿和小鼓儿》

马克思

特利尔城的初夏总是特别美丽，渐渐地，天气热了起来，温暖的清风抚摸着整个小城，满山的花草树木也都有了勃勃生机，伴着灿烂的阳光，孩子们都结伴来到河边玩耍，卡尔和他的小伙伴们也正玩得开心。

卡尔和一个男孩玩着"士兵战斗"的游戏，只见他俩一会儿卧倒，一会儿又像在给对方发什么秘密暗号，还真像在实战一样，两个

小孩儿你追我，我追你，玩得十分开心。

那个和卡尔在一起玩儿的小男孩是卡尔最要好的小伙伴，他叫埃德加尔，是和小卡尔一起玩到大的好哥们儿。

过了一段时间，两个小男孩玩累了，便向靠近河边的一处花丛跑去。花丛中，只见两个和卡尔差不多大的少女正在用野花编织一个很漂亮的花环。

"我们把这束花插到中间，索菲亚。"一个女孩说道；

"是呀，现在看起来这束花环更漂亮了。"卡尔的姐姐索菲亚开心地说着。

这时已跑得满头大汗的卡尔和埃德加尔一下子就坐到了两个女孩儿身边，卡尔调皮地说道："哇，好漂亮的花环，一定是给我这个'士兵战斗'游戏胜利者的奖品。"

说着，卡尔和埃德加尔都要上前抢着戴上这精致的花环，索菲亚拦住了他俩，"不，你们谁是胜利者，就让我们亲爱的燕妮来决定吧。"

　　索菲亚说完后就把花环递给了另一个女孩，这个和花环一样美丽的姑娘，名叫燕妮，也是埃德加尔的姐姐，这两对欢喜姐弟是最好的朋友，他们基本上每天都在一起玩儿。

　　"我和索菲亚在编花环的时候都看到了，是卡尔最勇敢也最执著，他把你——我的埃德加尔，都追到了河里，你呀，来回跑了那么久，最后还是被卡尔在河里抓住了。"燕妮用法官判案一样公正的神情认真地说着。

　　卡尔在一旁幸灾乐祸似的笑着说："我就说嘛，还是我们燕妮最好了。"

　　"埃德加尔，卡尔不仅勇敢，他在和你玩游戏的时候，其实是不断地在思考、使用策略的，你呢，就在那儿瞎跑。所以姐姐我认为，咱们就应该愿赌服输，花环就应该属于卡尔。"燕妮说着，拍了拍埃德加尔的肩膀。

　　"好吧，我的姐姐，花环就给卡尔吧。但是卡尔是大坏蛋，他把我追到河里，弄得我没法挣逃，喝了好几口河水呢。"

　　看到埃德加尔的狼狈样，燕妮不禁大笑起

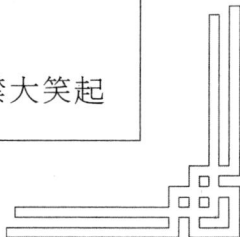

来，她对这个可爱的弟弟真是没办法。

燕妮，是威斯特华伦男爵的女儿。威斯特华伦是特利尔城的名门望族，他的父亲曾在军政界担任过重要职务。威斯特华伦从小就受到很好的教育，拥有很高的学历。他曾经是特利尔的枢密顾问。

威斯特华伦为人高尚，和那些顽固守旧的普鲁士封建贵族不同，他有着自己的立场。他是一个自由的思想者，也很开明，这一点上，他和卡尔的父亲亨利希志同道合，所以他们两人的友谊一直很深厚。

男爵学识渊博，实践经验也很丰富。他对启蒙思想家的著作基本倒背如流；他能娴熟地应用多国语言，比如英语、法语、拉丁语、西班牙语等；除此之外，他更是一个十足的文学迷，他尤其钟爱《伊利亚特》《奥德赛》，能够整篇地背诵莎士比亚作品中的诗篇和剧中的人物独白。

男爵一家和亨利希一家私交甚好，小卡尔过生日的时候，男爵也特意带着小燕妮去亨利

希家看望。威斯特华伦很喜欢孩子们，他经常为他们朗读经典的文学名著，尤其对小卡尔的认真求知和聪明伶俐印象深刻，所以他经常有意地引导小卡尔去思考。可以说，威斯特华伦在学习和德才方面都给了小卡尔很有价值的启迪。

所以，在小卡尔心中，威斯特华伦男爵是除了父亲亨利希外最让他尊重和崇拜的人，他甚至把他当成了第二个父亲。好学的小卡尔经常拿着书中不懂的地方去问威斯特华伦，男爵很是喜欢这样好学的卡尔，总是耐心地解答小卡尔的问题。

正是男爵的进步思想对卡尔的熏陶，使卡尔在思想上比同龄的小伙伴们成熟得多。

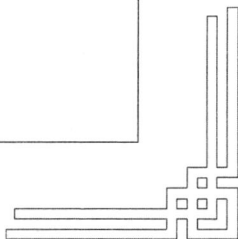

二、胸怀天下，初露锋芒

（一）十七岁的毕业论文

眼前的万物，
即将消失，
理想和激情，
也会化作虚无的云烟。

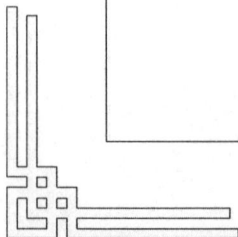

对你从事的事业，

魔鬼可能在一旁讪笑，

千百万人拼命争夺，

也许是无畏的辛劳。

心乱气恼，

是一切祸患的根苗；

惊慌烦扰，

意谓"幸福已经遁逃"。

无聊的目标，

也可能被人苦苦追求；

转眼即逝的人生，

正是一次激情的战斗。

——《人生》

马克思

　　十七岁，是一个还算青涩的年龄，也是最无忧的青春年华，但是，卡尔的十七岁却是深刻的，思索的，远大的，无私的。

"如果人只是为了自己而劳动，他也许能成为有名的学者、伟大的哲贤、优秀的诗人，但是他永远不能成为真正完美的伟人。"

在选择职业时，我们应该遵循的主要原则是人类的幸福和我们自身的完美。人的天性本应如此：人们只有为同时代人的完美和幸福而工作，才能使自己也达到完美。

如果我们选择了最能为人类幸福而劳动的职业，那么，重担就压不倒我们，因为这是为大家而献身；那时我们所感到的就不是可怜的、有限的、自私的乐趣，我们的幸福将属于百万人，我们的事业将默默地存在下去，永恒地发挥着作用，当我们离开人世之后，高尚的人将在我们的骨灰上洒下热泪。"

当看到卡尔写的这篇毕业论文时，我相信所有人都会受到一种巨大的震撼。没错，被卡尔崇高的精神所震撼，被卡尔丰富的构想所震撼，被卡尔深刻的理解所震撼，被卡尔远大的抱负所震撼。

当我们回顾一下卡尔的中学学习阶段时，

就不难理解，这种远大的理想对于卡尔来说其实是一种必然。

说到卡尔的中学学习，要从 1832 年谈起。这一年，他 14 岁，已经步入特利尔中学两年了，他童年时的玩伴也就是男爵的儿子埃德加尔，也是同时入学的，两人自然而然地成为了亲密无间的好朋友，经常一起谈天说地，可谓志同道合。

一天，两人和往常一样去上课，可是学校发生了一起让大家毫无防备的"突发事件"，只见，许许多多的军警突然从大门涌入，很快就包围了整个学校，学生们都被吓呆了，一时连动都不敢动。

强势的军警陆陆续续地进入学生宿舍搜查，弄得乌烟瘴气的，最后他们搜查出很多书刊，并像发现了战利品一样得意，他们耀武扬威的嚣张气焰，让大家十分愤怒，却又不敢反抗，这群军警并未善罢甘休，他们临走时还把一个中学生用极其粗暴的方式抓走了。

埃德加尔一向是性情中人，这件事早已让

他气愤一整天了，而卡尔一直很淡定，仿佛若有所思。

这天放学，卡尔陪着埃德加尔一起回到了威斯特华伦男爵的家里，打算让男爵帮他们分析一下学校的这件轰动性的"突发事件"。

"爸爸，我太气愤了，军警怎么能够这样明目张胆，虽然他们有着限制别人人身自由的权利，但是怎能这样乱用?"埃德加尔着急地说着。

"军警们做什么了，让你如此生气，我的小埃德加尔。"男爵温柔地安抚着儿子。

"那些军警好像是为了搜出些书刊，然后就随意冲进我们的学校，还乱翻我们的学生宿舍，最让我气愤的是，他们还残忍地抓走了一个中学生，真不知道那个中学生现在怎么样了，不会被他们虐待吧，哎……"

威斯特华伦认真地听着儿子的叙述，同时也陷入了深深的思考，他时而紧皱眉头，时而把目光投向卡尔，男爵一直很欣赏卡尔的才华，此时，他很关注卡尔对此事儿的想法。

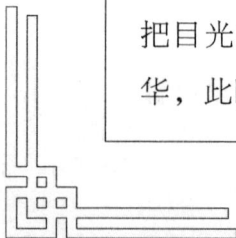

"卡尔，你是怎么看待那些被搜查的书刊的？"

"嗯，其实我看过那些书，我一直对它们很好奇，我真的不觉得那些书有什么不好，我觉得里面的很多思想还是很进步的。"卡尔低着头，不自信地说。

威斯特华伦点着头，很满意地看着卡尔说道："我的卡尔，你真是一个有思想的好孩子，没错，那些书在某些理论上是很进步的，它们积极宣传革命思想的进步性，所以多多少少触碰到了当局的利益，才有了你们学校的这一起'突发事件'。"

"啊，天呀，爸爸，听您这么一说，我更担心了，难道我们学校已经有学生开始闹革命了？"埃德加尔满脸疑惑地问道。

这时候，男爵在屋里来回走着，他在思考怎么引导孩子们去正确看待这样的事情。过了一会儿，男爵缓缓地说道："近来，我们身边的革命风潮越来越大，所以，这股影响对思想最活跃的学生们早晚都会产生一定的作用，现

在你们学校出现的正是一股自由式的民主风潮，一切都只是时间问题。"

卡尔听到男爵这样说，立刻找到了认同，其实，卡尔的心中，也早已刮起了这股自由民主的革命风潮，只是他一直不知道自己的想法是否正确科学。他坚定地望着男爵说道："现在，我们生活在德国封建专制当中，我认为，在这种国家制度下，我们老百姓们的生活其实并不是那么幸福，早日民主、早日统一才是我们国泰民安的根本出路。"

"再说，我们身边有太多太多的不平等现象，我们每天都感受着各种丑恶和黑暗，我们特利尔城的贫民区中就能充分感受到什么叫世态炎凉。其实，他们不过都是一些逃难的农民，已经很可怜了，可是却得不到当局的保障，连最基本的生活都快熬不下去了，看着他们，我的内心真的很不是滋味儿，比起他们的日子，我们的生活真的太好了。"

"是啊，我的小卡尔，光在我们特利尔城中就有这么多不平等的现象，其实在很大范围内，比如我们德国，其实世界上的很多国家都有这样的现象，甚至更为丑恶，更为黑暗。"男爵有些激动地说着。

卡尔更加坚定地答道："所以，真的需要有些人、有些力量来拯救那些受苦受难的人们，我认为，这些不平等的现象必须消灭，所有人生来都是平等的。作为学生的我们，必然是祖国未来的接班人，所以我们现在的学习绝对不能只考虑我们自己，我们现在虽然只是学生，但我们应该也树立一个伟大的人生理想，只有这样，我们的所学所得才有用武之地和价值。"

男爵不禁为卡尔鼓起了掌，"卡尔，很开心能够看到你已经这样有思想。所以，我必须要推荐给你一本书看，相信你一定会喜欢的。"

说完，男爵从书架中拿出了一本圣西门的书，对卡尔说道："圣西门是法国的思想家，他所主张的新社会可以说道出了我们很多人的心声，你好好读读，对你的思想会有更深的启发。"

卡尔兴奋地接过书，把这本书当作珍宝，如饥似渴地读着。也许正是受了圣西门思想的影响，年仅十七岁的卡尔能够站在国家、甚至世界的角度来思考问题，这也就是为什么卡尔能写出那篇毕业论文的根本原因。

（二）波恩大学的"风波"

你说什么？为颂扬苍天而歌唱？

我要用马刀把你砍成肉酱。

神不懂得歌唱——不懂得颂扬；

歌儿，是地域的谵语狂想，

它会把心灵引向神智失常。

魔鬼正在我的耳边嚎唱，

魔鬼为我打着节拍，

指点我的琴弓上下伸张。

心、弦和琴弓怎得和谐！

弦断、弓裂、心碎——命运多么乖张。

提琴手奏起狂热的乐章，
鬈发披散在眼帘上，
马刀挎在腰旁，
褶皱的黑斗篷披在身上。

——《狂热之歌》
马克思

"该生天赋极高，在古代语言、德语和历史课方面表现出了极令人满意的勤勉；在数学课方面是令人满意的勤勉；法语课是颇为勤勉；德语知识和作文都很好；拉丁文能流利、细致地翻译和解释课文；希腊文掌握的程度与拉丁文相仿；法语语法知识相当好，稍作辅导就能阅读较难的作品，口语方面比较流畅；数学有丰富的知识；历史和地理具有相当令人满意的知识。

本委员会衷心祝愿该生因天资过人而取得更好学习成绩，并获得美好的前程。"

　　这是特利尔中学的学校考评委员会在卡尔·马克思的毕业证书上写下的鉴定，这些赞美的话语充分体现了老师们对马克思品学兼优的肯定。

　　中学毕业后，马克思遵从父亲亨利希一直以来的心愿，成功考取了波恩大学的法律系，父亲为此十分高兴，他似乎看到了卡尔子承父业的成功。

　　波恩的生活可谓丰富多彩，称得上是莱茵省的文化中心，这里和特利尔相比，真的精彩了许多，对于年轻人的吸引力也更大。

　　1835 年 10 月，马克思经过了一段水路踏上了他的离家求学之路，来到了他考取的波恩大学。

　　马克思把大学的时间安排得井井有条，学习、生活、娱乐都做得很好，并且他把主要精力都放在了治学上，可以说，一如既往地保持了孜孜不倦的学习状态。

　　马克思对学习可以说到了疯癫状态，学到关键点上，往往废寝忘食，以至于他的身体健康情况成为更让老亨利希担忧的事情。

　　父亲亨利希太了解他的孩子了，一方面，他比谁都热切希望马克思成才，另一方面，为人父母的他又十分担心儿子的身体。他从马克思的信中了解到，马克思最近一直患有严重的失眠症，身体素质有所下降，因此老亨利希不断地给马克思回信，主要内容都是劝诫马克思要抽时间多多休息，身体实在不适就到荷兰的姨父家去休养一段时间。

　　由于长时间过于刻苦地学习，马克思的身体早已疲倦不堪，于是他听从父亲的话，到姨父家做了短期的休养。

　　好学的马克思虽然在休养，但是大脑从未停止思考，他一边调养身体，一边又在脑海中制订着新的自学计划，他拼命地思索如何能在身体可以承受的范围内最有效地提高自己的学习效率。事实证明，他很有主见，他把大学里开设的课程根据重要程度分成了几个部分，并且经过反复思考后决定自学那些老师讲授较平庸的课程，这样，他就能有更多的时间用来钻

研自己感兴趣的学科。

很快，在波恩大学的第一学期就结束了。

与第一学期紧张而有序的学习不同，马克思的第二学期活跃了不少，这种活跃体现在他的思想和行动上。

马克思的活跃和优秀深深影响着周围的同学，并且他在同学中的影响力也越来越大，深得同学们的拥护。

波恩大学中特利尔的同学很多，他们总在一起交流、游玩，马克思也是其中的成员，大家组成了一个特利尔同乡会，由于马克思过人的组织能力和才华，大家都多次推荐马克思为特利尔同乡会的负责人，马克思很享受和老乡们在一起的快乐，但是他一向对当负责人的事情不在意，最后，实在抵不过大家的热情，才接受了这个"民意负责人"的位置。

马克思自从担任特利尔同乡会的负责人后，就经常组织各种各样丰富多彩的活动，无形中，他的综合能力又得到了质的提升。但是，这期间难免会有一些意想不到的麻烦降临，需要负责人去出头处理。

一天，马克思正组织同乡会在学校里宴饮，突然几个警察和保安闯了进来，当时，所有的同学都懵了，愣愣地看着警察，完全不知道发生了什么事情。

"谁是你们的组织者，快给我出来!"警卫们嚣张地喊着。

"我是，请问为什么突然闯入?"马克思毫不示弱。

"有人举报说你们经常在一起酗酒闹事，影响学校氛围。哼，今天让我们抓个正着，你，瞪什么瞪，好，既然你是组织者，就和我们走，回去好好和你会会，臭小子!"警察说着就上来强硬地把马克思带走了。

马克思一脸从容淡定，因为他坚信这其中一定有什么误会，所以他不卑不亢地和他们走了，还回头安慰同学们，让他们放心，他会平安地回来。

就这样，马克思被警察关了三天才出来，这期间，团结的特利尔同乡会的同学们都时刻

为马克思担心，他们调动学校所有的人脉来调查这起看似莫名其妙的"逮捕"，最后终于水落石出。

原来一个贵族子弟因为不满同乡会的一些同学说贵族阶层的坏话而怀恨在心，并捏造谎言，来陷害马克思。

事情终于真相大白，马克思知道后十分气愤，所以从禁闭室出来后，他就直接去找那个贵族子弟，两人狠狠地大动干戈了一场。

这场决斗，马克思刚开始处于下风，因为对方是一个击剑爱好者，但是马克思的愤怒越来越强烈，最后，他直接扑向对方，拼命反击，虽然左眼受了较重的伤并留下了永远的伤疤，但在马克思心中，那更是一块勋章，因为决斗的胜利最后属于了马克思。

过了一段时间，这场校园风波基本上平息了，在波恩大学精彩又刺激的第二学期又很快结束了，马克思拒绝了一切同学的出游邀请，归心似箭——只为伊人心。

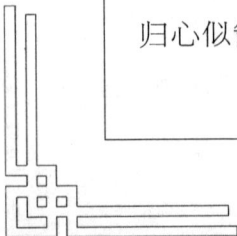

（三）嫁给我吧

我振起双翼高飞远走，
却又重新躺在断崖，苦闷忧愁；
我的双眸凝视着黑夜的天空，
我的目光却不能与星光交流。

生活的激流冲出门槛飞驰奔跑，
它在路上摧毁了重重的屏障，
噢，这些混沌时代的疯狂子孙，
为追求黄金般的自由已如醉如狂。

我的目光又像小鸟一样飞跃，
但求最终能消除忧愁自在愉快，
既然在你身上我能把世界拥抱，
那么，我为什么还要去把世界寻找？！

——《献给燕妮的两支歌》

马克思

　　燕妮是威斯特华伦男爵的女儿，也是马克思成长过程中最重要的伙伴、朋友、红颜知己，而在马克思心中，这些都还远远不够，因为他早已把美丽知性的燕妮视为他的最爱。

　　马克思和燕妮两人的感情早已很深，这是一种志同道合的欣赏，也是一种超越物质的真爱；这是一种无懈可击的执著，更是一种心有灵犀的相融。

　　马克思之所以在波恩大学第二学期期末时拒绝所有同学的出游邀请，就是因为他十分迫切地想回到燕妮的身边，他有太多太多的话要和燕妮分享，比如他思想上的变化，他组织特利尔同乡会所举行的活动，他在波恩大学中发生的有趣的事情。他还告诉燕妮他经历了禁闭室的三天三夜，还勇敢地和一个贵族子弟进行了一场决斗并且取得了胜利……

　　就这样，马克思回到了非常热爱又熟悉的特利尔城，一个记录他成长的地方，一个走到哪里都牵动他最温暖的回忆的地方，一个住着他最爱的人的地方。

　　和过去一样，马克思和燕妮约在了靠近河边的那条熟悉的小径中见面。马克思一大早就起来准备，事实上他昨夜根本就兴奋得无法入睡，一想到马上就可以见到他的燕妮，他就开心极了。吃过早餐，没多大一会儿，他就按捺不住心中的喜悦，早早地来到了河边，尽管两人约的是正午见面。

　　马克思在河边的草地上来回踱步，脑海中不断幻想着和燕妮见面的情景，他有太多的话要说，但好像一时又不知从哪儿说起，他时不时地傻笑，就像一个拿着糖罐享受的小孩儿一样开心，就这样时间很快就过了正午。

　　马克思开始着急起来，他燃烧起的热情并未减退，反而因燕妮的未到而越发强烈，他再也等不及了，他现在就要看到他的燕妮，拥抱她，亲吻她，和她在河边漫步，和她并肩躺在舒坦的草地上，和她采摘最美丽的花儿……

　　但是时间一分一秒地过去，还是未见燕妮的身影，这次他真的开始害怕了，害怕燕妮对自己不过是纯洁的友谊，害怕是自己自作多

情，害怕他这个前途未知的大学生配不上出身名门望族的燕妮，害怕美丽贤惠的燕妮有了别的心上人，害怕燕妮不会来了！

渐渐地马克思所有的热情都逐渐褪去，取而代之的是失魂落魄地徘回，他是多么的不安，但是他太爱燕妮了，见不到她，他是说什么都不会离开的，就算他不能再和燕妮一起携手前行，他也要见到燕妮，把一切说出来。

太阳落下山去，只剩余晖陪伴着失落的马克思，他将石子一颗颗地扔进河中，呆呆地看着水波的变化，整个心却早已飞到了燕妮身边。他几乎到了崩溃的边缘，他失望、委屈、痛苦，这感觉就像要失去全世界一样。

马克思此时狠下心来想：或许，燕妮真的不会来了，也许她是想用这种委婉的方式来拒绝我，我要理解她，尊重她的选择，也许她也有很多难言之隐，无法和我当面说出，我就一直等到天彻底变黑，如果到时燕妮还不来，我就马上离开，离开特利尔，去找我的同学，去远方，去出游，去流浪，不，去哪儿都行，只要没有她的地方，没有我们回忆的地方。对，只要她不出现，我绝对不会再打扰她，再也不会和她见面……

终于，夜幕降临，一切都模糊起来，就像马克思的爱情，他看不到未来，看不到希望，是呀，天空还是无情地被打翻的染缸染黑了，黑得那么彻底，什么都看不见。

马克思决定不再等待，放下也是爱的一种选择，但一向要强的他此刻却像个小孩子一样哭了起来："燕妮，我的好燕妮，你为什么不来，你真的不要我了吗……"

马克思将头埋在两膝间，不知哭了多久，最后连站起来的力气都没有了，不知不觉中他已沉沉地睡去。

"燕妮，真的是你吗？我是不是在做梦？感谢上帝，他把你又带给了我，不，这不是梦，你就在我身边，此时此刻，是天边最美丽的星，是飞入凡间的最纯洁的天使！"马克思醒来发现自己正侧躺在燕妮的双腿上，这迟来的幸福着实让他激动不已。

"我的爱人，我知道今晚我不来，你一定不会离开的，对不起，亲爱的，让你等了这么久。"燕妮温柔地满眼爱意地望着马克思。

"不，燕妮，只要你来了，我就是这个世界上最幸福的人，真的。"马克思说着，轻轻地亲吻着燕妮的手。

"亲爱的，你知道的，我的心早就飞到了你这里，我哥哥带回几个他的大学同学，他非让我陪着他们吃饭、跳舞，其实，我明白他的意思，他是想让我从中选择一个未来的丈夫，毕竟他们的出身都很好，并且都混迹于官场，但是我的心早就属于一个人了，我无法再爱上其他人。"燕妮动情地说道。

这段话对于焦灼的马克思来说无疑是最好的定心丸，这下彻底放心了，他紧紧地搂着燕妮，生怕这美好的一切都是一场美梦，一放手就会消失不见。

"燕妮，我发誓我真的准备了万语千言要对你讲，但此时此刻我只想说一句话——嫁给我吧！"卡尔目光闪烁地望着燕妮。

　　燕妮娇羞地埋下了头，两颊早已泛红，她轻轻地"嗯"了一声，就轻轻地靠着卡尔那有力的肩膀上，此时，世界在恋人的眼中是那么小，小到似乎只有彼此。

　　夜空不再孤单，因为月光皎洁，明亮如昼。

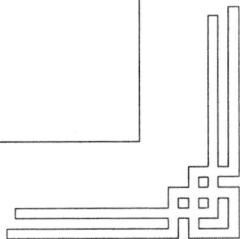

三、政治新人，主编莱茵

（一）法学？哲学！

我的内心囊括着群星的光耀，
蕴存着太阳的无限温暖与回光，
孕育着无比勇敢的志向，
和无数桩伟大的希望。

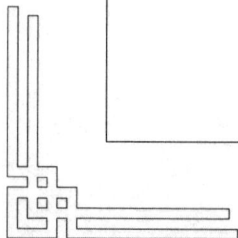

看哪！好像有一道万能的护符，

在这无穷尽的激战之中，

将我向着宏远的目标推动，

而变幻莫测的云雾却把目标遮住。

啊，周围是一片废墟和死寂的岩石，

我的痛苦正压在它们之上，

而那永远长明的天上的火光，

正如我希望的篝火一样。

——《我的世界》

马克思

　　黑格尔是德国著名的哲学家，他主张唯心主义哲学，同时又在古典哲学领域有着颇深的造诣。黑格尔的哲学被高度重视，一度被推崇为普鲁士的国家哲学。黑格尔把普鲁士的封建专制统治和束缚老百姓思想的基督教解释得合理、自然，正好迎合了统治阶级的政治需要，所以被高度赞扬，广泛传播。

　　纵观黑格尔的哲学体系，无不充满着客观

唯心主义的色彩，他把人们生活的整个世界冠以一个概念——绝对观念，从而去解释它的外观和发展。由于当时特殊的时代背景，这里的"绝对观念"基本上就成了上帝的代名词。

黑格尔一度很受欢迎，他曾在海德堡大学和柏林大学担任哲学教授，并且在他去世前的最后一年，还被当局任命为柏林大学的校长，这都充分说明了黑格尔在当时的社会影响力是极大的。

但是好景不长，黑格尔去世后，国内政治矛盾越来越激烈，各种来自不同势力的政治力量也此消彼长，互不相让，都想得到主动权，最后导致最初的黑格尔学派"英年早逝"，解体后主要分成了两派——依然顽固守旧的"老年黑格尔学派"和很重民主却有点小激进的"青年黑格尔学派"。

马克思接受了黑格尔的哲学，并且思维活跃的他对哲学产生了浓厚的兴趣。

黑格尔哲学中有大量埋藏于保守体系中的辩证法思想，这正是最吸引马克思的地方，所以他选择加入"青年黑格尔学派"。

现在回到马克思新学期的生活，老亨利希知道儿子上学期在波恩大学的"风波"，所以为了让马克思安心学习，他决定让儿子转到柏林大学去完成剩下的学业。

临走前，马克思和燕妮依依不舍，他让燕妮在特利尔等他回去娶她，此时的马克思信心十足。

就这样，他来到了柏林大学。马克思很快就爱上了这里的一切，比起波恩大学，这里更加繁华，并且治学的风气也比以前浓得多，这种踏实严谨的校风一直吹拂着所有在此学习的学生。

由于柏林大学的师资更丰富，马克思开始大量选修各种他感兴趣的课程。除了基本的法律课程外，他还结合自己的兴趣，去旁听哲学、历史、经济等方面的课程。

马克思是一个爱思考的人，他不是教条式地接受老师所授的知识，而是辩证地多角度地分析问题，他喜欢深入挖掘，喜欢创新，所以

MA LIE ZHU YI CHANG SHI GONG MIN DU BEN

随着学习的深入，他越来越发觉柏林大学很多教授的课程都让他食之无味，他们的教学无法给他更深层次的引领和启迪。

马克思不需要照本宣科式的教学，他对很多所选的课程越来越失望。所以，他比从前更重视自己的自学能力和效率。

他像以前一样孜孜不倦地学习，通过对哲学进一步的深入探索后，他发现自己真正感兴趣的学科其实是哲学，并且他不是孤立地去学哲学的理论，而是时刻关注当前的政治形势，并从哲学的角度去分析。他不会随便听信任何理论，当他遇到不确定的疑惑时，他会查阅大量相关书籍，直到自己弄清楚为止。

"两耳不闻窗外事，一心只读圣贤书。"这是对马克思学习精神的最好写照，沉迷于书籍的他甚至一度让人觉得他变得孤僻冷漠起来。

他学哲学绝对不是浅尝辄止，更不是三分钟热情，而是真正的潜心研究，他大量阅读不同的哲学著作，能够深刻理解康德、卢梭、伏尔泰、费布特等人的著作。

　　长期的学习疲劳，再一次累垮了马克思的身体，所以他不得不去周边的小渔村疗养。也正是因为这样的契机，马克思才接触到了青年黑格尔派。马克思在养病期间，认识了很多青年黑格尔派的成员，他们无话不谈，这在很大程度上激起了马克思对黑格尔哲学的研究热情。

　　黑格尔的很多观点，都让马克思有了思维上新的突破。所以从小渔村疗养回来，他就积极参与到青年黑格尔派的很多活动当中，马克思卓越非凡的才能在青年黑格尔派中展现得淋漓尽致。

　　很快，马克思就成为了青年黑格尔派中最核心的组织"博士俱乐部"的一员。博士俱乐部的领袖是柏林大学的神学讲师鲍威尔，可以说，鲍威尔是一个极富有激情的人，他学识渊博又略显激进，身上有一种很能感染人的战斗精神，这也正是他能得到那么多青年学生支持的原因。

　　思维敏锐、思想深邃的马克思很快就引起

了鲍威尔的注意，并且他用才华深深地打动了鲍威尔，两人也成了无话不谈的好朋友。

随着马克思对哲学领域的投入，他逐渐减少了对法律的学习，这让父亲亨利希很气愤。一向望子成龙的老亨利希，非常希望马克思可以子承父业成为一名优秀的律师，眼看着马克思在这条路上渐行渐远，这让他着实很担忧。

亨利希不断地通过书信劝诫马克思把主要精力都放在法学的研究上。而马克思的回信都带有强烈的抵触情绪，是啊，他再也压抑不住自己对哲学炽烈的情感和无畏的热情，正因为这样，才更让老亨利希担心他一直寄予厚望的儿子的未来。

老亨利希的身体也随着年龄的增长而一天天地虚弱，再加上马克思的事情更让他的病情加重，他身心憔悴，又无法停止对马克思的牵挂和操心，尽管他最后还是尊重了他那比牛还倔的儿子的选择，可是不这样还能怎么办呢，毕竟马克思是一个很有思想的孩子，老亨利希还是愿意相信他儿子一定可以有一个美好的未

来，不论他的选择是什么。

人的生命比起时间的漫漫长河实在是太过短暂了，很快，老亨利希就输给了病魔，他病倒了，这个一生叱咤法庭的大律师最后还是败给了时间——1838 年，亨利希离开人世，享年61 岁。

马克思一时间无法接受他深爱的父亲的永别，亨利希不仅是他的父亲，更是一个无话不谈的好友、一个启迪人生的老师。但是，父亲就这样离开了，还带着对自己不选择法学学习的遗憾。

马克思很长一段时间内都不能从父亲的去世中恢复过来，他恨自己在父亲最后的日子里还在为了自己的学业而和他不停地争执，惹他生气。马克思越想就越自责，越愧疚，越恨自己。

随着父亲的去世，家里马上就出现了经济危机，全家都只靠母亲一人养活，为此，母亲找马克思谈了几次，让他别再沉迷于哲学了，好好学法律，将来能够养家糊口。

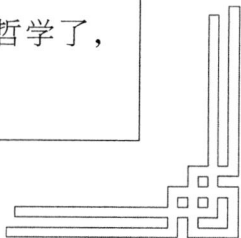

MA LIE ZHU YI CHANG SHI GONG MIN DU BEN

　　马克思认定的事情是没有人能够改变的，他执著于理想，为真理而疯狂，义无反顾。所以，他还是拒绝了母亲，并且继续回校进行哲学的学习。

（二）幸福来得并不容易

它们险些撕裂人的心胸，
把人抛入广漠的太空，
它们冲开一个陌生的环境，
往昔它们就在这里度过平生。

人因喜悦而欢笑，又为痛苦而哼叫，
如今他要自我陶醉。
他这么伟大，又这样渺小，
忽而是冥冥夜色，忽而又是太空光照。

这光焰短促与永恒，

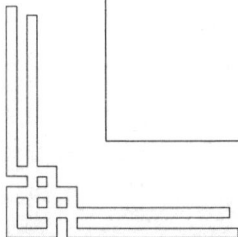

乃是太阳爆发的壮观美景，

他使混沌变得清晰明净，

直投射到底层。

它用严谨的和谐，

把光和影协调在一起，

在其中可听到崇高与深奥的声音。

——《两重天》

马克思

　　自从父亲亨利希去世后，马克思的日子一直都过得十分压抑，这些压力既有来自家里的，也有来自学习上的、感情上的，他现在觉得很乱，只想静下心来好好研究哲学。

　　所以，在这一段并不好过的日子里，他全身心投入研究了黑格尔哲学和古希腊哲学。马克思有一个很好的学习习惯，就是无论看什么都要记大量笔记，通过这段时间对哲学的学习，他写了七大本笔记，并再度将其升华，在此基础上确定了博士论文的命题和基本大纲。

　　马克思把长时间内心的压抑都化作论文的

写作动力，他经过长时间的潜心写作，终于在1841年春天完成了他的博士论文——《论德谟克利特的自然哲学与伊壁鸠鲁的自然哲学的差别》。

因为老亨利希已经去世，这个世界上只剩下一个人让马克思感觉到父亲和朋友的双重温暖，那就是他的忘年交，即心中的未来岳父威斯特华伦男爵，所以，马克思第一时间就把自己的这篇博士论文与男爵分享，并直接献给了他，还用无比崇敬的情感为他写了献词：

"我敬爱的父亲般的朋友，请您原谅我把我所爱慕的您的名字放在一本微不足道的小册子的开头，我已完全没有耐心再等待另一次机会来向您略表我的一点敬爱之意了。

我希望一切怀疑理念的人，都能像我一样幸运地颂扬一位充满青春活力的老人。这位老人用真理所固有的热情和严肃性来欢迎时代的每一个进步；他深怀着令人坚信不疑的、光明灿烂的理想主义，唯有这种理想主义才知道那能唤起世界上一切心灵的真理；他从不在倒退着的幽灵所投下的阴影前面畏缩，也不被时代上空常见的浓云迷雾所吓倒，相反的，他永远以神一般的精力和刚毅坚定的目光，透过一切风云变幻，看到那在世人心中光明的九重天，您，我的父亲般的朋友，对于我永远是一个活生生的证据，证明理想主义不是幻想，而是真理。"

威斯特华伦看后很欣慰，他看到了马克思思想上的深邃和赤诚的奋斗心灵，他对这个年轻人更加欣赏了。

说到燕妮，马克思已经很长时间没有和燕妮在一起了，由于这段时间他都困在烦恼中，对燕妮的关心难免会被分散一些。

这天，马克思决定好好放松一下，他立刻就奔向了和他分离已久的燕妮。他穿着整洁地来到男爵家，却看到男爵憔悴地躺在床上，他

忽然想到了他的父亲，顿时觉得非常伤心，他马上来到威斯特华伦的床边，陪着男爵，和他说小时候的故事，这些都让男爵感到十分开心。

"这是卡尔的博士证书，父亲。"燕妮高兴地把马克思的博士证书拿给了父亲看。

"好，太好了，我的好孩子，我就说你很有思想，很有才华，很有悟性。祝贺你获得了博士学位，我一直看好你，孩子，你就是我们的骄傲呀!"男爵激动得喘了起来，过了一会儿，他幸福地看着燕妮和马克思，轻轻地笑着，"是时候了，燕妮选择了你，我也很欣赏你，我的孩子，我的身体情况也越来越糟，我现在就把我最爱的女儿燕妮交给你，你一定要答应我，好好珍惜我的燕妮，爱她，呵护她，守护她。燕妮是个好姑娘，她不追求荣华富贵，一心都给了你，你心里也都清楚这些。"

"太好了，父亲，您同意我们俩结婚了，卡尔，你听到了吗?父亲同意了，他同意了!"燕妮激动地握紧了卡尔的手。

"我的男爵，我的另一个伟大的父亲，您放一百个心、一千个心、一万个心，我一定会用一生好好爱燕妮！"卡尔深情地望着燕妮，两人此时早已幸福满溢。

威斯特华伦看着两个年轻人幸福地相拥在一起，他满足地笑着，幸福总是来得不容易，也许不轰轰烈烈，但只有经历过的人才明白那不可替代的感情。

马克思带着满身的幸福味道回到了家中，他把拿到博士证书和男爵答应婚事的双重喜悦都在第一时间告诉了母亲，但是，他没想到，母亲不但没有和他一样开心，反而更加失望忧愁。

"为什么是哲学的博士证书，你就不能听我们的话吗？考法学多好啊，哲学有什么前途，你将来拿什么养家糊口？再说你和燕妮的婚事，我当然很希望你们能够在一起，燕妮是个非常好的女孩，但是你看看你现在的经济条件和你的未来，你是否能给燕妮和你自己一个衣食无忧的生活呢？我的孩子，你现实点吧。"

母亲无奈地说着。

这席话完全冷却了马克思的热情，他不得不好好思考母亲的话：是啊，自己的未来的确太渺茫了，如何能配得上美丽大方的燕妮？就算善解人意的燕妮不在乎，但我也要给她一个婚姻最基本的保障，这是一个男人应该扛起的责任。

马克思经过了几天的深思熟虑，决定暂时不和燕妮结婚，他打算先找工作，等一切稳定下来，有了保障，再把燕妮娶回家。

"燕妮，我的最爱，你再等我一段时间，等我获得副教授的职位后我们再结婚，那会让我更有勇气和信心，我爱你，燕妮，请你支持我。"马克思深情又无奈地抱着燕妮。

"卡尔，你知道我的，我不在乎你的社会地位，更不在乎你的财富，我要的是你这个人，高尚的人，崇高的人，正直的人，我爱你，我什么都不要，只要我们在一起，我就很满足了。"燕妮抱紧了马克思，希望他会改变想法。

"燕妮，我知道你是这个世界上最美丽的女子，无论外在还是内心，都是唯一一个能够打动我的女子，你是我的心，所以我更不可以随便地娶你，我一定要给你一个幸福的婚姻，再给我一段时间，我会实现我对你的承诺。"卡尔坚定地望着燕妮，用爱向她传递着信念和誓言。

"好的，卡尔，我等你，无论多少天、多少月、多少年，我都无怨无悔，你别给自己太大压力就好，我爱你。"燕妮温柔地说着。

两人在湖边深情地相拥，多希望时间永远停在这一刻。

（三）政治初体验，倾情《莱茵报》

仿佛我在出航——
船儿离开岸旁，
到那山崖嶙峋处，

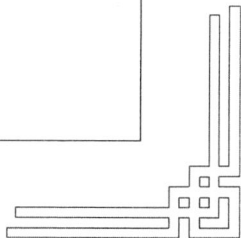

和海浪奔腾的地方。

我载走心愿，
满风鼓帆，
任凭暴风雨大作，
我不惧怕风险。

敏锐的视线，
把危险的路程扫看，
我热情满腔地勇往直前，
永不退还。

——《变化》

马克思

　　带着对燕妮的承诺，马克思去找鲍威尔帮忙求职。他记得鲍威尔在离开柏林大学时曾找过自己，让他一起到波恩大学共同讲授哲学。

　　但是，事情总是没有想象的顺利，鲍威尔由于思想过于反动，政府早已将他列入了黑名单，禁止他在大学任职。这样一来，马克思通

向大学讲堂的路就基本上被堵死了。

之后的很长一段时间里，马克思一直都忙于求职，虽然每天的奔波很辛苦，但是他仍然进行了大量的哲学方面的阅读。也只有这样，马克思才能从找工作的疲劳中获得精神上的解脱。

费尔巴哈逐渐引起了马克思研究的兴趣，最让马克思狂热的是他的《基督教本质》，他对这本书可谓如饥似渴，很快就读完了，里面的很多理论都让马克思受益匪浅。

费尔巴哈和马克思一样也是德国人，他主要研究唯物主义，早年在爱尔兰根大学教书，费尔巴哈和黑格尔有着学术上的对立关系。

但是，客观地来讲，费尔巴哈并没有以科学的态度正确对待黑格尔的学说。他在保守的哲学体系方面成功摧毁了黑格尔，不过很可惜的是，他也在这过程中抛弃了黑格尔哲学中的最精华部分——辩证法。

当然，费尔巴哈之所以能影响青年黑格尔派中的很多人，原因在于，他在恢复唯物主义

的权威方面立下了很大的功绩。

费尔巴哈提出了很多正确的唯物主义的理论，他认为自然和人的意识不是依附关系，我们所拥有的思维是存在的一种反映形式。人类只是自然的产物，物质以空间、时间和运动的方式存在着，人是可以认识并总结客观规律的。费尔巴哈通过论证，正确解决了物质和意识的关系问题。

多部哲学著作对马克思思维的冲击和融合，使他这一时期的想法十分活跃，也让他的思想进一步地成熟起来。这一时期，马克思写了五本研究笔记，又称"波恩笔记"。

马克思经历了长时间找工作的不顺，他决定不再继续找给学生讲哲学的工作了，而是选择拿起笔来和政府"对话"。

有一天，鲍威尔来看马克思，马克思把自己的思想动态和鲍威尔进行了交流，马克思越谈越兴奋，他说出了自己想办杂志的想法。

马克思很想通过创办杂志来表达自己的观点，想把杂志打造成一面思想的旗帜，从而影响更多思想进步的人来共同发展科学的理论。

鲍威尔对此表示赞同，并且还说了自己的想法，他认为，通过创办新杂志还可以向黑暗的政府及其统治工具宗教进行抗争。鲍威尔还给杂志取了新名字——《无神论文库》。

此次谈话让马克思热血沸腾，之后他就一直为创办杂志的事儿忙碌着。可是突然有一天，鲍威尔改变了想法，并且推荐马克思和他一起为一本叫作《德国年鉴》的书发表文章。

鲍威尔说，《德国年鉴》的前身是《哈雷年鉴》，主编是一个受到当局迫害的人，叫卢格，他一直主张人道主义，所以他的办刊理念也是倡导自由民主，反对敌对政权。鲍威尔认为这与他和马克思的想法和观点不约而同。所以，他提出让马克斯和他一起发表文章。

"最近我在构思一本书，主要是批判当前宗教的黑暗和封建秩序的落后，名字我都想好了，就叫《对黑格尔末日的宣告》，你觉得如何？"鲍威尔兴奋地和马克思说着。

"嗯，这样也挺好，那我们就开始写吧。"

马克思回答道。

很快，两人就把《对黑格尔末日的宣告》写完了，该书出版后在社会上引起了强烈的反响，一些热情的读者还提了建议，他们认为该书所阐述的观点都非常好，就是语言和笔法有些晦涩，很多理解能力有限的读者无法抓住主要思想。马克思和鲍威尔很高兴有这么多支持者，于是他俩决定按照该书的思路再写一个续篇，来弥补原先存在的不足。

可是，在写续篇的过程中，马克思又接触到了一些新的思想，再加上长期的积累，他在这一时期内的思维可谓有了质的提升。所以，他渐渐发现，他和鲍威尔的观点其实存在着大量不够科学甚至是错误的地方。所以面对鲍威尔对他的催稿，他一直借病拖延，直到1842年年初，鲍威尔实在等不下去了，于是他将自己写的部分先行出版了。

但是，鲍威尔不知道的是，马克思已逐渐脱离了青年黑格尔派所提倡的思想，转向了更为进步的思想。

简单来说，马克思认为，用哲学批判是远远不够的，不过是纸上谈兵，他开始思考直接地参与到火热的政治斗争中去，来直面风雨。

正当马克思为自己规划未来时，发生了一件事情：新国王带着民主自由的面具，说要缓和现在尖锐的阶级矛盾，提出了一个所谓的"新书报检查令"。

马克思时刻关注当局的一举一动，他很快就发现统治者面具下那赤裸裸的卑鄙目的。所以，他决定用文字揭露这一政策的虚伪。

所以在新书令颁布不久，马克思就发表了一篇评论性文章《评普鲁士最近的书报检查令》，这篇文章写得相当犀利，这篇处女作也成为让马克思自己一直引以为傲的一篇文章。

写完后，马克思寄给卢格，想让他发表在《德国年鉴》上，但是由于这篇文章的批判和反动色彩太浓，所以被禁止了。于是，卢格想通过载入《轶文集》的形式来发表，由于这种方式耗费的时间太长，取得的效果也不见得很好，所以马克思决定自己找报纸投稿。

马克思很快就注意到了《莱茵报》。

《莱茵报》是 1842 年创刊的，属于日报。由于骨干力量都是青年黑格尔派成员，所以大部分文章的批判色彩都很浓，常常触碰到当局的利益，但是《莱茵报》仍保持了这种风格，这也正是马克思看好它的重要原因。

到了 1842 年 4 月，马克思开始亲自为《莱茵报》写文章。写作之余，他还帮着打理报社的其他大小事情，很快他卓越的才能就被大家认可了，大家都一致推举他为主编。

1842 年 10 月，马克思正式接任主编一职，在他的带领下，《莱茵报》的发行量和知名度都一再攀升，经济收入也越来越可观。

在这期间，马克思仍然孜孜不倦，成果颇丰。比如《摩塞尔记者的辩护》《关于林木盗窃法的辩论》《关于出版自由和公布等级会议记录的辩论》等文章都保持了马克思一贯的批判风格，马克思始终以捍卫人民群众的根本利益为写作的主旋律。

但是，好景不长，随着《莱茵报》的影响

力越来越大，政府开始担心了，所以当局决定对其进行查禁。没想到此举遭到了上千人的抗议，政府决定再给《莱茵报》三个月的时间，并且还苛刻地提出了很多无理的审查条件。

《莱茵报》的股东们为了维护自身的经济利益，都要求马克思低调，不要再写过激的文章。马克思当然不会向他们妥协，所以，他退出了《莱茵报》。

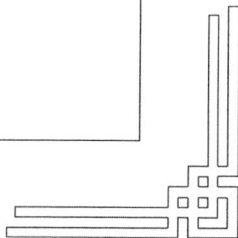

四、勇往直前，知音初会

（一）有情人终成眷属

只有他善于保护，
心灵中的纯洁之美，
只有他能够坚守，
对待诗情和理想的忠诚。

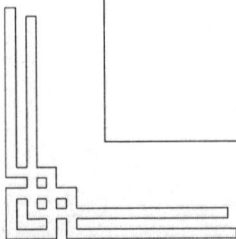

不是他想要尝到快乐，

不是他希望得到安宁，

而是受命运的守护神驱使，

爱的激情正在心中无休止地沸腾。

上天让他永葆美好的青春年华，

给了他永恒的爱情之花，

爱情的火花永不熄灭，

正把尘世间的黑暗描画。

——《歌手的爱情》

马克思

  主编《莱茵报》的坎坷，让马克思选择了退出。在他离开的第二天，《莱茵报》的书报检察官就得意洋洋地说道："今天的风向全变了。昨天报社的精神领袖、灵魂终于辞职了。我们非常高兴，今天的检查时间仅是平时的四分之一。但我们应该知道，马克思是不会屈服的，他宁愿为他的观点去死，因为他坚信他的观点是真理！"

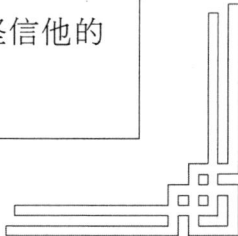

在鲍威尔邀请马克思和他再作《对黑格尔末日的宣告》的续篇时,燕妮写信告诉了马克思一件事,这让马克思心情变得分外沉重——威斯特华伦男爵病情加重了。

这个消息对于马克思来说简直就是噩耗,威斯特华伦男爵在他心中就是第二个父亲,所以,马克思很快就回到了特利尔。到了男爵家里,只见燕妮忧郁地坐在男爵的床边,照顾着病重的威斯特华伦,情况十分不好。

马克思一边安慰着他的燕妮,一边帮忙照顾威斯特华伦。可是,所有的祈祷都没有抵挡住悲剧的到来。两个月后,威斯特华伦男爵与世长辞。

燕妮和家人都陷入了无尽的悲痛中。

马克思为了安抚燕妮,就又陪伴了她一段时间,马克思不想再让燕妮默默地等下去,他决定近期就和燕妮结婚。燕妮非常开心,虽然还没有穿上婚纱,但她已经沉浸在准备婚礼的喜悦当中了。

马克思已经下定决心举行婚礼,迎娶他的

最爱燕妮。但是，他又不得不面对一些棘手却又必须要解决的问题。

由于马克思生活工作和经济收入的原因，他的家人一直不支持马克思和燕妮的婚事，他也明白家里的担忧，他确实没有那么多钱，虽然他比谁都想给燕妮一个最好的婚礼，但是他的经济条件不允许。作为一个男人，他不想让他的新娘因为寒酸的婚礼被人说闲话，再加上燕妮是贵族后代，这方面的顾虑会更多。

经过几天反复的思考，马克思决定打破常规，到小城去举行婚礼，恰好德国有一个这样的地方，空气清新，风景优美，非常适合年轻人结婚。

燕妮一向通情达理，她总是设身处地为马克思考虑，她不希望因为婚礼给马克思带来压力，所以她不仅支持马克思办婚礼的方式，还拿出自己所有的积蓄来帮助囊中羞涩的马克思。

马克思对燕妮的理解感到很欣慰，他让燕妮按照她喜欢的方式布置，选购所有用品，他

MA LIE ZHU YI CHANG SHI GONG MIN DU BEN

希望这简约的婚礼能够让燕妮开心，这样就不简单了。

燕妮的弟弟埃德加尔，也是马克思的好朋友和同学，知道两人要结婚了，高兴得不得了，他一直很支持姐姐和马克思在一起。在埃德加尔心中，马克思是一个非常有才华的人，一个有大理想大抱负的人，他甚至很崇拜马克思。

1834 年 6 月 19 日，有情人终成眷属，两人在燕妮母亲和埃德加尔的见证下幸福地结为夫妻。

是呀，燕妮已经默默等了马克思 7 年，两人的爱情一直经历着众多考验。所以，今天对于两人来说是最幸福的一天，这份最纯洁真挚的爱情终于找到了它的归宿。

马克思和燕妮的爱情不是那种轰轰烈烈的爱情，但却有着实实在在的浪漫，这浪漫是不离不弃、无怨无悔地相随，是柴米油盐、甘苦与共的相伴。这才是历久弥新的爱情，这才是真正的爱情。

燕妮，马克思最珍爱的宝贝，他会用全身心呵护好燕妮，让她成为这个世界上最快乐最幸福的女人。

燕妮是一个好妻子，她出身豪门贵族，却偏偏选择和经济困难、前途未卜的马克思牵手共度一生，这一点是很多人都做不到的。她对马克思的爱是纯洁无瑕的，她不世俗，而是用爱来平衡世界的不公，她是一个内心不凡的女子，一个值得马克思珍爱一生的女人。

婚礼过后的几周，两人都沉浸在幸福的喜悦中，马克思带着燕妮进行了一次蜜月旅行，可以说这段旅行是两人一生中最开心的回忆。

在这段甜蜜的日子里，两人从克罗茨纳赫出发，游览了附近的爱贝尔堡、普法尔茨、巴登等地方，马克思的身心都得到了很好的休息，但是休息之余，他也没有停止研究工作，并且新婚的喜悦心情让马克思的灵感更加丰富，思路更加开阔。

值得一提的是，著名的《克罗茨纳赫笔记》就是在新婚后不久完成的，可见马克思这

一时期的状态特别好。

有一天，一位自称是马克思父亲朋友的老者来到马克思家拜访，他们聊得很投机，说了很多老亨利希过去的事情。

叙旧了一番后，老者渐渐表露出真实意图："马克思先生，我由衷地欣赏你的才华，你看，你这么有思想，又有一个这么美丽贤惠的妻子，可是，却只能住在这么简陋的房子里。马克思先生，有理想是好事，但是现实是残酷的，你真的应该为自己和家庭的未来好好考虑一下了。其实，我这次来，就是想帮你改善一下现状，内务大臣很看好你的能力和学识，他特意派我来聘请你去政府担任要职。马克思先生，你是聪明人，你应该知道这意味着什么，以你的发展，一定会功成名就的。我和你父亲是老交情了，我相信你父亲如果知道这件事，一定也会让你去的，你好好想想。"

马克思听后，看了看燕妮，两人很默契地笑了一下，彼此就已经心领神会。

马克思想了一下，对老者说："真的很感

谢您和内务大臣对我的认可，也请您替我向他转达一下谢意。但是，我对做官并不感兴趣，我的夫人也不追求荣华富贵，她本来就是贵族出身，她对那样的生活并不喜欢，我们现在的日子虽然清苦了些，但是我们很幸福，真的很幸福。"

这次拒绝，只是一个开始，随着马克思对真理探求的深入，他的现实经济状况越来越糟，此后又有很多诱惑出现，但是坚定的马克思从未妥协过，他知道他要做的是一件大事，是事关人类幸福的大事。

（二）杂志夭折，女儿出生

倘若他必得到处流浪，

终生漫游四方，

我也羞于一个人生活下去，

在玫瑰丛中独享芬芳。

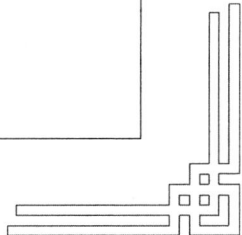

话儿越说越低沉，

声音愈来愈哽咽，

母亲似听非听，

这可使她受惊匪浅。

她五体投地，

手儿举向青天，

她想向白云深处，

遥递爱情的祝愿。

———《女儿》

马克思

　　马克思说过这样一段话：如果一个有学问的人不愿意自己堕落，就决不应该不参加社会活动，不应该整年整月地把自己关在书斋或实验室里，像一条藏在乳酪里的蛆虫一样，逃避生活，逃避同时代的人的社会斗争和政治斗争。

　　没错，马克思言行一致，他不仅拒绝了政府的要求，而且他还去了法国巴黎，以便能更好地投身于政治斗争。

巴黎是个人杰地灵的好地方，文化和学术气息都非常浓，并且这里的科技进步也很快。正是由于巴黎更民主的氛围，马克思才决定在这里大展身手。这里不会有普鲁士那么严格的书报检查制度，人们言论自由，大家都可以公开讨论所有感兴趣的话题。

马克思和燕妮就住在位于塞纳河左岸一所简易的楼房里。卢格和他们是邻居，这里住了很多来自不同国家的革命者，大家都汇集在这里和政府抗争到底。

马克思在工作之余会陪着爱妻到巴黎的各个名胜古迹去游玩，他们去了很多地方，如巴黎圣母院、凯旋门、卢浮宫、凡尔赛宫。两人在巴黎享受着爱情的甜蜜。

有一天两人在公园漫步的时候，燕妮欣喜地说道："亲爱的卡尔，告诉你一个好消息。"

"亲爱的燕妮，是什么好消息？我已经迫不及待想知道了。"马克思抱着燕妮问道。

燕妮俏皮地说道："我们终于有了爱情的

结晶，我想这个孩子一定会是世界上最可爱的小家伙。"

马克思听后兴奋得将燕妮抱了起来，大声地喊着："太好了，燕妮，我们有孩子了，我就要当爸爸了，太好了！"

夕阳的余晖倾泻在美丽的巴黎，两人幸福地相拥着，此时世界只有彼此。

在巴黎的日子，马克思和燕妮也常到巴黎的一些贫民区。他们看到人们饥寒交迫的生活环境，再一次感受到社会制度存在着严重问题，在城市的华丽背后，很多人还在为生存而挣扎着，贫富差距过大，这也更坚定马克思要为此而奋斗的决心。

马克思把所有的热情都投入到了杂志的创办中，可是卢格却在杂志刚步入正轨的时候病倒了。

这就意味着所有的重担都要由马克思一个人承担，其中的压力是可想而知的，随着新杂志在法国的影响力日益加深，法国政府也开始对此警惕起来。

在多重压力下，马克思终于在 1844 年成功出版了《德法年鉴》，文章涵盖面非常广，刊载了马克思和卢格之间的来信、费尔巴哈的文章、海涅和海尔维格的诗歌等精彩内容。

马克思在杂志上将自己的思想表达得淋漓尽致。他直接表达了办刊的宗旨——无情地批判现存的封建制度和普鲁士专制的国家制度。另外，马克思还客观地展开了批判，他在杂志上发表了很多论文，如《论犹太人问题》《〈黑格尔哲学批判〉导言》，他公私分明，立场坚定，支持真理，在德国犹太人的问题上曾一针见血地指出好友鲍威尔所犯的唯心主义错误。马克思还有着无畏的精神，他大胆探讨如何建设一种社会力量来抵抗政府的不平等，并且他始终高举一个信念——实现全人类的解放。

马克思早已走上一条推翻旧统治的道路，并且他已经成为了无产阶级和共产主义的代言人、传声筒了。

同时，这个时期是马克思思想转型和成熟的关键时期，他终于彻底脱掉了青年黑格尔派

的影子。再加上费尔巴哈思想对他的影响，他已经彻底从唯心主义蜕变到唯物主义，从革命民主主义走向了共产主义。

新杂志办了一段时间后，来自政府的压力越来越大，渐渐地，卢格由于没有资金的原因，终于退缩了。

由于《德法年鉴》的停刊，马克思没有了收入来源，所以一家人的生活又陷入了经济危机。

就在这个紧张时刻，燕妮的临产期也快到了，幸运的是燕妮最后顺利生下了一个可爱的女儿。婴儿呱呱坠地的那一刻，马克思激动得哭了起来，此刻，女儿的出生让一切生活的艰辛都黯然失色。

马克思开心地抱着女儿，燕妮在床上欣慰地看着这父女俩。

"卡尔，你说给我们的宝贝起什么名字好呢？"燕妮问马克思。

"嗯，女儿这么可爱，就像你一样，我看，就和你样，叫'燕妮'吧。"马克思兴奋地说着。

两人默契地望着，幸福满屋。

（三）你好，恩格斯！

当你的曲词把我唤醒，
我感受到一片炽烈的热情，
但我忘却了你的倩影——
当你张开青春的双唇，
从高贵的心灵深处发出气息，
它激励你弹奏心曲。

那时出现一个欢乐的面庞，
他的鬈发在歌曲中闪着金色光芒，
他充满激情把歌儿唱，
那宛如少女的眼睛闪着亮光，
你却消失了因为沉醉于种种幻想，
狂喜的新潮把我引向一方。

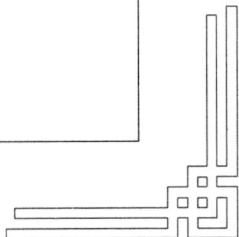

那形象已潜入我的心底，

那容貌每一瞬间都变得更加动人，

他在神圣的乐音中蕴存，

他让蔚蓝色天空照得光彩斑斓，

他时而隐没，时而浮现，

仿佛是金色的霞光普照。

——《对话》

马克思

女儿的出生一方面给马克思和燕妮带来了快乐，另一方面也给没有收入来源的马克思一家带来了更重的经济负担。

女儿小燕妮十分瘦弱，再加上妻子奶水不足，所以，经过马克思夫妇的反复考虑后，在女儿满月的时候，燕妮就带着女儿暂时回到了老家特利尔。

虽然马克思十分不舍，但为了女儿更好地成长，只能如此了。

"卡尔，我敢保证，你已认不出我们的女儿了，只有她那凝神的眼睛和天生像小帽子一般乌黑的头发可以让你认出来。其他的一切全变了，不过越来越明显地像你。

近几天，我给她在汤里加了蔬菜，她吃起来可真香。洗澡时她用手拍水玩，弄得满地满屋是水，可她却用小手指蘸水放在嘴里吮吸……"

马克思读着燕妮的来信，心里暖暖的。

其实，燕妮给马克思的信都是报喜不报忧的。自从燕妮回到特利尔后，就有很多人议论纷纷，无聊地散播着各种猜想，但是燕妮都默默地承受了下来，不仅没让马克思担心，还经常嘱咐他要注意身体，就像燕妮自己说的那样："我在每个人面前都显得阔绰，我的外表也完全证实了这一点。有一次我比所有的人都漂亮，我一生中从未像现在这样更好、更光彩。我相信这是给他们最好、最深刻的打击……"

燕妮真是一位外柔内刚的坚强女性。

一天，海涅来拜访马克思，嘘寒问暖一番后，开始进入正题。

"卡尔，我们又可以开始出杂志了。"海涅激动地对马克思说道。

"真的吗，不会又是第二个《德法年鉴》吧?"马克思有点怀疑地看着海涅。

"不会的，是《前进报》，换了新主编，他是一个激进的民主主义者。所以，《前进报》现在的办报理念很适合我们。"海涅说道。

马克思想了一下说道："既然是这样，那就太好了。好，我会号召以前《德法年鉴》的战友们都一起加入《前进报》。"

就这样，马克思和海涅一起转战到了《前进报》的战场，和以前一样，仍然采取批判的激进风格。

1844 年 6 月，德国发生了西里西亚纺织工人起义。主要原因是纺织工人编唱歌曲来表达对大工厂主的不满，结果惨遭毒打。后来，这场工人起义愈演愈烈，各地纷纷罢工抗议，全国上下出现了一股巨大的示威浪潮。

而当局则残酷地镇压，导致很多工人被判刑。

很快，卢格发表了一篇文章，可是却让马克思和海涅都感到十分气愤。卢格在他的文章

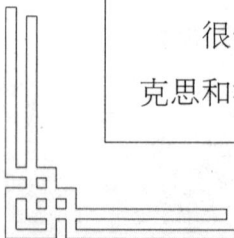

中竭力贬低这次起义，并且根本没有用公平的态度来评论。

马克思和海涅把悲愤化为力量，纷纷发表言论。马克思针对《普鲁士国王和社会改革》的文章发表了《评"普鲁士人"的〈普鲁士国王和社会改革〉》一文，充分批判了卢格的观点，并且高歌了此次工人起义。

海涅饱含激情地发表了《西里西亚织工》这首诗：

悲愤的眼睛里没有泪水，
他们坐在织机前咬牙切齿，
古老的德意志，我们在织你的尸布，
我们要织进去三重诅咒。
我们织啊织！

这些文章都发表在了《前进报》上，可以说《前进报》越来越成为激进政治倾向的阵地，因此它越来越受到政府的限制。

1844 年 12 月，《前进报》还是未能摆脱被

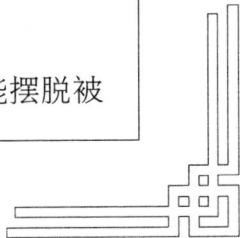

法国政府查封的命运。

虽然《前进报》的辉煌结束了，但它的影响力却依然存在，这就够了。

马克思回顾了自己长久以来的批判道路，从青年黑格尔派到《德法年鉴》，从鲍威尔到卢格，马克思都曾为此兴奋过，可最后都一再地失望，他曾经多次以为自己找到了志同道合的战友和知己，但最后都分道扬镳。

一路走来，能真正和马克思思想相合、心灵相通的人几乎没有。他一直渴求有个真正的事业上的战友能够和他一起抗争。

就在迷茫不定的时候，马克思决定写信给恩格斯，邀请他来巴黎做客，地点定在了雷让斯咖啡馆。

雷让斯咖啡馆环境优雅，气氛温馨，很适合友人约会交谈。

马克思很看重这次见面，因为恩格斯在马克思心中有着很重要的位置，他有时甚至觉得，也许恩格斯就是他一直苦苦渴求的那位真正的战友。

　　说起马克思和恩格斯之间的交往，还要从1842 年 11 月说起。当时恩格斯是一个商人，他是在经商途中和马克思相见的。恩格斯和别的商人很不一样，他很有想法，并且很民主，坚信真理。他早在和马克思认识之前，就已经在《莱茵报》上发表了二十多篇文章。

　　马克思也是从那时候开始关注恩格斯的，尤其是恩格斯发表的《政治经济学批判大纲》一文更让马克思对他刮目相看。

　　《政治经济学批判大纲》给马克思带来了很多启发，也成为马克思对政治经济学产生兴趣的直接原因。

　　此后，马克思经常就相关问题和恩格斯通信交流，两人思想上的默契越来越深。

　　马克思在恩格斯的影响下，研究了很多政治经济学方面的著作，比如英国古典经济学家亚当·斯密和李嘉图的著作。

　　通过对英国古典政治经济学、德国古典哲学和英法空想社会主义的长期研究，马克思写出了《1844 年经济学哲学手稿》的论文。

此次，正好赶上恩格斯回德国，所以马克思决定邀请这位朋友。

马克思在咖啡厅里坐了快一上午，咖啡也喝了好几杯，他开始焦虑起来，脑海中想着各种可能，最让他担心的就是恩格斯可能不来了。

就在马克思失望之时，他看到了熟悉的身影，听到了熟悉的声音："马克思先生，抱歉，我临时有点事情要处理，让您久等了。"恩格斯边说边上前和马克思握手。

"恩格斯先生，见到你真是太荣幸了。"

两人的手就这样紧紧地握在了一起，从此开始了携手共进。

你好，恩格斯！

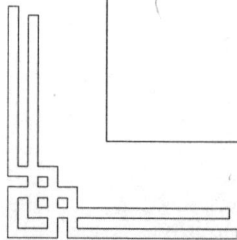

五、家人团聚，马恩携手

（一）家人重聚

我的歌声有如流水荡漾，

歌声中充满青春的力量，

天使不理解歌声中的愁闷，

他不会让歌儿表现忧伤。

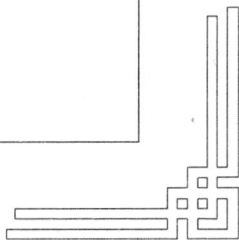

可是，创世主——我的另一位天使，

悄悄地潜入我的心房，

我用歌声把他描绘，

刻画他的美丽形象。

但那形象恍惚不定，

有如梦幻，缥缈无常，

他离得那么遥远，

又像近在咫尺，就在我身旁。

——《擎天柱之歌》

马克思

1844 年 8 月 23 日，马克思和恩格斯在巴黎相会了，两人有一种相见恨晚的感觉。

"马克思先生，接到你的邀请，我真的很激动。现在真的见到你，我备感荣幸。"恩格斯对马克思说道。

"恩格斯先生，是我荣幸才对。没有你写的《政治经济学批判大纲》，我就不会对政治经济学产生兴趣，也就不会有我们今天的相知

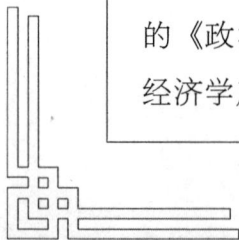

相会。"马克思谦虚地说道。

"亲爱的马克思先生，我一直关注您的思想动态，我很希望可以和你一起并肩战斗。"恩格斯坚定地说道。

"那太好了，我正想找一位真正的战友，我想那一定非你莫属了，恩格斯先生。"马克思兴奋地说道。

"谢谢您，马克思先生，不，卡尔，请允许我以后叫你'卡尔'，可以吗？"恩格斯微笑着说道。

"当然，我的好战友。"马克思开心地回答。

马克思和恩格斯的相遇绝非偶然，而是历史的必然。两人都有共同的远大理想，这是一种真正的志同道合的友情。

弗里德里希·恩格斯和马克思年龄相仿，只比马克思小两岁，出生在德国莱茵省巴门市。

恩格斯家庭条件非常富裕，父亲是大商人，但是恩格斯却是一个激进的民主主义者。

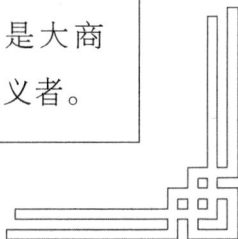

西方彩霞闪耀，

自由的曙光顷刻间来到；

旭日初升，放射出不熄的光芒，

黑夜在消逝，带走它的苦难。

那时候，不仅在我们播种的花圃里，

鲜嫩的花蕾含苞待放，

而且整个大地都是万紫千红的花园；

葱茏的草木把山河点缀，

和平棕榈装饰着北国之乡，

爱情玫瑰插在穷困人身上。

茁壮的橡树移植到了南方的海疆，

举起棍棒打倒暴君；

谁使他的国家重获和平，

橡叶桂冠就会戴在谁的头上。

　　这是恩格斯曾经写过的一首诗，从中可以看出恩格斯的思想倾向，由此我们便不难理解他为什么会成为马克思的战友。

　　自从马克思和恩格斯相会后，恩格斯就一直住在马克思的家中，两人白天深入实际调

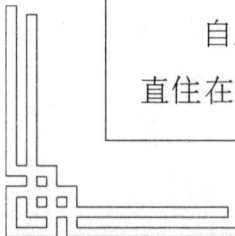

研，比如走进巴黎的工人群众中去，访问共产主义组织者，结识了很多工人运动领导人和来自国外的革命者；到了晚上回到家，两人就会将白天调研的结果进行分析、研讨、整合，为日后的理论工作打下坚实的基础。

一天晚上，马克思和恩格斯在一起聊天，话题突然转到了燕妮和孩子身上。

"燕妮带着我们的女儿很久之前就回到了特利尔，都怪我，连最基本的经济条件都不能达到，和她们分开生活是万般无奈呀，我真的很想她们。"马克思愧疚地说。

"现在我们的生活逐渐步入了正轨，经济条件也会慢慢地好起来，不如现在就让她们回来住吧，日后你们一家子的生活有什么困难，就和我说，不要见外，我一定及时帮助。"恩格斯拍着马克思的肩膀说道。

"我无数次这样想过，也经常梦见我们一家人在一起的幸福画面，但是现在真的是时候吗？小燕妮成长需要一笔费用啊，总不能委屈孩子呀。"马克思疑虑起来。

"我说没事就是没事，你呀，赶紧写信给她们，告诉她们你的这个决定，她们一定会很开心的，经济上的困难都没什么，我就是你坚强而有力的后盾。"恩格斯再次坚定地说道。

"你真的是我的知己，我都不知道该如何感谢你，好的，我这就给燕妮写信。太好了，我们这个家又要开始热闹起来了。"马克思开心地说道。

很快，燕妮和孩子就回来了，一家人终于团聚。

"燕妮，我们的女儿睡得好香，她可爱极了。"马克思深情地望着燕妮怀中的女儿。

燕妮一边轻轻地抱着女儿，一边和马克思说："卡尔，你知道吗？我们分开的日子里，我很思念你，怕你不好好照顾自己，怕你的身体会出现问题。"

"燕妮，你总是那么为我着想，我们结婚后，我为你做的是那么少，我欠你太多太多了，我最最亲爱的燕妮。"马克思说着。

燕妮捂住马克思的嘴，说道："卡尔，你

千万不要这么说，和你结婚，我无怨无悔，相反，我很幸福。和你分开的日子里，虽然不能每天看到你，但是，我有我们的小燕妮，看着她一天天健康地成长，就是我最开心的事情。"

"亲爱的，你总是这么理解我，我都不知道该说什么了。谢谢你一直默默地忍耐各种生活的艰辛和压力，我知道你从来不和我说你的辛苦，却总是写信让我注意身体，燕妮，我的爱人。"马克思幸福地说着。

"卡尔，不管怎么样，现在我们一家人又在一起了，看，我们的小燕妮多么可爱，多么健康，她真的是集合了我们俩所有的优点。看她那憨憨的睡相多么像你呀，我的卡尔。"燕妮会心地微笑着。

"是啊，看她那漂亮的脸蛋、美丽的头发不都是你的遗传？"马克思望着燕妮母女说道。

"对了，卡尔，忘了和你说说家人的事情了，他们都很好，母亲和埃德加尔都把小燕妮视为小活宝，疼爱得不行，小燕妮也确实给她的外祖母和舅舅带来了很多快乐。"燕妮幸福

地说着。

卡尔开始若有所思："燕妮，那我的母亲和兄妹现在怎么样了，他们还好吗？"

"卡尔，我知道，自从我们决定结婚开始，你的家里就不很支持，我们的婚礼他们也没有来参加，但是，现在你可以放心了，因为他们已经接受了我们的婚姻，并且非常喜欢小燕妮，我在特利尔时，也常常带着女儿去看望他们。对了，说到这，我还要给你看一样东西，你一定会喜欢的。"

燕妮说着，从柜子里拿出两条上好的雪茄，递给马克思："卡尔，这就是你母亲让我带给你的。她知道你喜欢抽雪茄，她一直都是非常关心你的。"

"母亲终于理解了我的理想和道路，感谢她的支持，感谢她的宽容。"马克思眼眶有些湿润起来。

就这样，一家人幸福地相拥着。

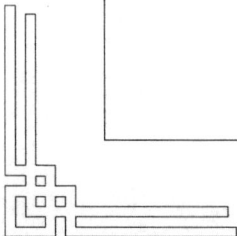

（二）热闹的小家

可不是飞向黑暗笼罩的地方，
要飞到你的天堂，
在那儿很早就闪耀着，
你那深切柔媚的目光。

啊，我要经常向往那地方，
你本人就是我的理想，
明星一样的珍珠呀，
我要用无限的美丽把你围绕上。

那时我会心花怒放，
雄心勃勃，精神爽朗，
在迅猛壮烈的斗争中，
会诞生美好的一切。

——《灯光》

马克思

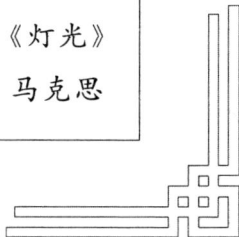

　　一天，家里来了一位金发碧眼、清秀端庄的年轻女子。

　　"欢迎你，琳蘅，一路辛苦了！"燕妮开心地欢迎着。

　　马克思在旁边说道："这位姑娘好眼熟，之前在哪里见过吗？"

　　"是啊，卡尔，这是我家的管家，琳蘅小姐。你应该见过的。在我回特利尔的这段时间里，琳蘅真的是帮了我太多的忙。她一边要把家里的事情做得井井有条，一边还要照顾我们的小燕妮。所以，这次回来，母亲特意让琳蘅和我们住在一起，也就是说，琳蘅就是我们的新管家，以后，咱家的所有事情就都由琳蘅来帮助我们了，真是太好了。"燕妮激动地对马克思介绍着。

　　"这么说，琳蘅小姐就是我们家的新成员了，欢迎欢迎，这下我们这个小家就更热闹了。"马克思说道。

　　这天晚上，马克思一家人为琳蘅的到来庆贺，一起聊着家常，无比幸福。

然而，一段安静的日子后，暴风雨又来了。

1845 年 1 月的一天，马克思一家正在吃早餐，只见几个当地的警察突然闯了进来。

"马克思在哪儿，马上出来!"警察大声地喊着。

燕妮和琳蘅正在旁边照顾着小燕妮，这时候早已吓得呆住了。

"我就是马克思，有什么事?"马克思冷静地问道。

"马克思先生，我们奉巴黎当局命令，来通知你一件事情，简单点说，就是驱逐令，你必须在 24 小时内离开巴黎，否则，我们就会采取强行措施了。"说完，气焰嚣张的警察就在小燕妮的哭声中破门而出了。

"卡尔，怎么办? 我们能去哪里? 我好害怕。"燕妮紧张地说道。

"别怕，燕妮，我们总会有地方去的，只是你们才刚过来没多长时间，就又要面对不稳定的生活了。我真是太愧疚了，连安稳的生活

这样最基本的事情都不能做到。"马克思含泪自责道。

"卡尔，你不要这样，我相信你的选择，我支持你的事业，不论我们流浪到哪儿，只要我们在一起，家就一直在，卡尔，我们现在就安排一下日后的去处吧。"燕妮说道。

"我决定搬到比利时，那里的环境相对更加民主，不敢保证一定能容得下我的言论和思想，但我要先去考察一下。"马克思对燕妮说着，但是他的心里也没什么把握。

正在一家人为去比利时的路费而焦头烂额时，马克思的老朋友、诗人海涅突然进来了，一脸慌张地说道："卡尔，我今天接到了驱逐令，我想你也应该接到了，所以马上赶来和你商议此事。我在法国政府有一些朋友，我一会儿就去看看，让他们帮帮咱们，说不定事情还有什么转机，如果最后还是要离开，路费你们一家人就先用我的，我们一起走。"

说完，海涅就去办事了。

晚上海涅终于回来了，和他一起来的，还

有一位官员。

还没等马克思弄清状况，那位官员就开始道歉起来，表示白天的驱逐只是由于普鲁士政府对法国政府的施压造成的。他还表示，只要马克思保证不会再发表对普鲁士政府的不利言论，他们一家就可以继续在巴黎住下去。

马克思听后，毫不犹豫地拒绝了，在他看来，这种条件根本不成立。他不会为了生活的安稳而放弃信念，所以在1845年2月，马克思又带领家人来到了比利时的布鲁塞尔。

一家人变卖了所有的家产，又借了一部分钱，才暂时在布鲁塞尔的一家破旧的小旅馆里住了下来。

很快，马克思手里的钱就所剩无几了。他很苦恼，一家人的吃饭都是问题，再加上小燕妮还在长身体中，可怎么办？

现实的困境一直折磨着马克思，他在和恩格斯的通信中也难掩生活的艰辛。

恩格斯早已觉察到马克思生活中的困难，他回信告诉马克思安心工作，他很快就会帮他

筹集到钱。

马克思感动不已，很快就有两笔汇款寄来，及时地缓解了马克思一家的生活压力。

恩格斯是一位真正的朋友，在马克思遇到困难的时候，他毫不犹豫地伸出援手。这两笔钱是恩格斯新书的稿酬和四处募集来的资金，他把马克思的困难当成自己的困难，总能为马克思一家雪中送炭。可以说，恩格斯早已成为马克思一家不可缺少的朋友。

燕妮和琳蘅把这两笔钱作了详细的规划，一切在她俩的打理下步入了正轨，马克思又开始了工作。

渐渐地，马克思在布鲁塞尔的思想界活跃起来，主题还是对普鲁士政府的批判。

马克思仍坚持自己的信念，不畏惧任何外来的压力。很快，布鲁塞尔政府也受到了普鲁士当局的施压，对马克思发出了警告。

这样一来，马克思在布鲁塞尔的言论自由也逐渐受到限制。但是，他仍然没有减弱文章的批判性和力度，就这样和政府僵持了一段时间。

一天，燕妮正在收拾屋子，听到有人敲门。她打开门后，看到了一位举止绅士、目光深邃的男子。

"你好，我想你就是马克思的夫人燕妮吧，我是他的好朋友弗里德里希·恩格斯。"恩格斯礼貌地自我介绍。

燕妮激动地说道："原来是恩格斯先生，一直听卡尔说着你，今天终于见到你了，真是万分荣幸，快请进。"

燕妮一边请恩格斯进来，一边热情地招待他。燕妮向恩格斯表示了由衷的感谢，要不是他几次帮忙，恐怕一家人连住的地方都没有了。

燕妮带着恩格斯来到了马克思的书房，马克思见到挚友恩格斯激动不已，虽然生活的艰辛从未减少，但是恩格斯的到来，让这个小家温暖了起来。

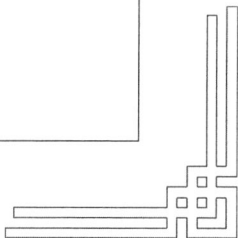

（三）自由的世界公民

深渊里有什么快乐可找？
那里再也没有崇高，
那里没有永恒的神明，
你们的光辉全是耍的花招儿，
里面没有免遭不幸的灵丹妙药，
歌声里也只有黑暗，没有光照。

你们没有心潮激荡，
没有崇高的向往，
没有勇气向高处飞翔；
我心中认为那里有神仙，
在奋争，在彷徨不安，
用不着哄骗欺诳。

你们怎会理解，

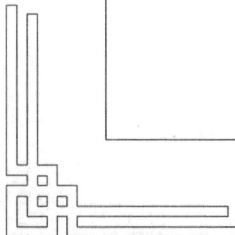

我的渴望，想要飞腾，

怎么理解我的憎恨和爱情？

我想飞腾，真想飞升，

我要像闪电般飞去，

伴随着有节律的热血的流动！

——《塞壬之歌》

马克思

恩格斯来到马克思家中已经好几天了，两人每天都在一起探讨着。

"弗里德里希，我现在虽然在比利时，但是随时有被驱逐的命运，我想了很久，我的普鲁士国籍一直是我搞革命的牵绊，所以我决定放弃这个国籍，做一个自由的革命者，让我的思想不受普鲁士政府的打压。"马克思坚定地说。

恩格斯想了一下说："卡尔，你真的已经想好了？这代价不小啊，从此你将没有国籍，这——"

"国籍让我不能自由地飞翔，要了有什么

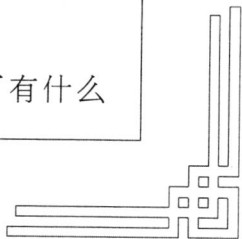

用，我都想好了，我马上就去行动。"马克思对恩格斯说道。

1845 年年底，马克思摆脱了他的普鲁士国籍，公开宣布后，他成了一个真正的"世界公民"。

放弃国籍后，比利时政府基本上停止了对马克思的限制，一家人也能在比利时安稳地住下来了。

过了一段时间，马克思和恩格斯决定暂时离家一些日子。两人乘坐轮船一路颠簸来到了英国。

一方面，马克思要在经济学和资本主义社会最有代表性的英国进行相关的研究，收集相关资料；另一方面，当时的英国是工人运动最活跃的地方，马克思和恩格斯可以真正深入无产阶级内部的革命当中，从而更好地与工人阶级密切联系起来。

恩格斯在此行中帮了马克思大忙，他一路上充当了马克思的英语翻译，使马克思更好地融入其中。而且，此次不菲的花销也是恩格斯通过各种渠道募集来的。可以说，没有恩格斯默默地支援和坚定地支持，马克思寸步难行。

恩格斯是英国的老熟人了，他曾经在曼彻斯特工作和生活过很长时间。所以恩格斯不仅是翻译，更是马克思的行程负责人。他通过经验，为此行定制了月计划。

在恩格斯的科学引领下，两人在历史悠久的切特姆图书馆中如饥似渴地读了很多难见的重要著作，认真地进行了摘抄，以便为今后使用。

恩格斯在空余时间，也会见了自己的女友玛丽。此外，他还继续为此次英国之行继续筹集更多的资金。

一切并不是很顺利，但两人还是坚定地并肩作战，在英国的日子里，他们还认识了很多志同道合的新战友，大家经常在一起交流思想，探讨政治经济问题，可以说收获颇丰。

后来，马克思和恩格斯还考察了伦敦的情况，直到秋天，才回到家中。

回到布鲁塞尔，两人开始着手共同创作新

的著作《德意志形态》。

其实，这次合作并不是马克思和恩格斯的第一次携手创作，很早以前，两人就共同创作过《神圣家族》，但是这一次的合作可以说更加成熟，更有深度，含金量更高。

结合长期的革命经验，历时大半年后，两人终于在1846年上半年完成了书稿的写作。

《德意志形态》在历史上有着非常重要的地位，可以说是思想史上的进步和突破。在这部著作中，马克思提出的"历史唯物主义"和"剩余价值论"终于登上历史舞台，这也意味着空想社会主义正在逐渐变为现实。

这部著作共分为两卷，分别是《对费尔巴哈、鲍威尔和施蒂纳所代表的现代德国哲学的批判》和《对各式各样先知所代表的德国社会主义的批判》。

在这两卷中，马克思和恩格斯第一次详细地阐述了"什么是唯物主义"以及唯物主义的基本原理等重要问题，还系统地分析了各种社会形态的发展，也对青年黑格尔派进行了严厉的批判。马克思和恩格斯否定了青年黑格尔派所说的"真正的社会主义"，并且提出了自己对共产主义社会特征的描述，同时也深刻地揭示了资本主义终将灭亡的历史规律。

但是，这部著作不仅没能出版，还受到了警察和出版商的抨击，困难重重。

转眼间，家里的开支又开始紧张起来，马克思最爱的雪茄也无法购买，甚至连吃饭也开始成为一家人头疼的事情。

这还不是最操心的事情，此时，马克思和燕妮的第二个孩子，也就是女儿劳拉也快要出生。虽然第二个女儿的即将来临让一家人很快乐，但是生活的窘迫还是让每个人忧心忡忡。

一家人都想着各种办法，燕妮背着马克思让琳蘅当掉了她的一些珍贵的首饰，恩格斯为了马克思一家也打破了自己的原则，向其父亲去要生活费。

终于在共同的努力下，一家人暂时渡过了难关。马克思一家和恩格斯一直苦中作乐，保持着积极乐观。

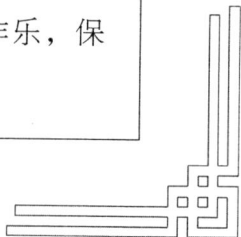

很快，劳拉顺利地出生了，母女平安。

马克思一家为了感谢恩格斯一直以来的无私帮助和不离不弃，在经济困难的情况下还是决定要盛情宴请一下恩格斯。

这一天，马克思和往常一样与恩格斯探讨着各种问题。

"我亲爱的朋友，我一直有个想法，但不知道你的意见如何：我很想建立一个通讯委员会组织，把各国的工人运动和理论研究的最新动态都集结起来。这样我们就能在各国范围内紧密联系和传递信息了，这对我们的革命事业将会有很大的推动。"马克思激动地说。

恩格斯一边听着，一边用力地点头："卡尔，这个想法非常好，这样一来，我们就可以更广泛地宣传我们的理论了，这件事的意义非凡，我们会逐渐将所有真正的革命朋友团结联合起来，我们的力量一定会日益强大起来。"

马克思和恩格斯就这样一直兴奋地规划着下一步的行动，不知不觉间，已经到了傍晚。

"两位先生，开饭了，今天会有惊喜哦。"

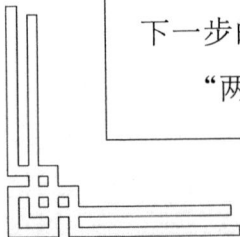

琳蘅开心地说着。

马克思这才想起来要盛情款待恩格斯的事情，他马上停止了手边的工作，请恩格斯到餐桌用餐。只见燕妮和两个女儿早已在餐桌旁等候，满桌子都是美味佳肴，因为经济拮据的原因，没有美酒，但是这一顿丰盛的晚餐已经是久违的美味了。

在烛光的映衬下，马克思一家人和恩格斯幸福地享受着晚餐，暂时忘掉了生活的艰辛。

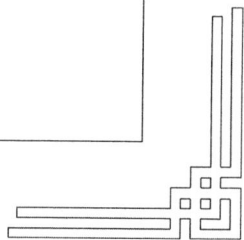

六、建立同盟，新办莱茵

（一）《哲学的贫困》

我只憧憬着一些言语，
由你倾诉的柔情蜜意，
当我听见时，
我必兴奋地表露出欢喜。

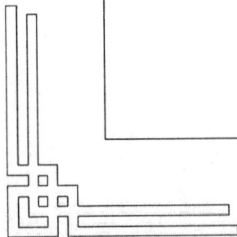

而你怎么能够，

总是拒绝我的恳求？

你比宇宙更富有，

你比幻想更清秀。

整个美好的世界，

在你的双眸中存留，

因而天空有音乐，

也充满激情与喜悦。

请允许我向你奉托，

我只有一个愿望——

把我的心灵和精神向你献上，

它们包含着我的全部思想。

——《我的志向》

马克思

一转眼，时间已经到了 1847 年。这之前，马克思和恩格斯一直为共产主义通讯委员会的成立做着大量的准备工作，既有思想上的，又

有实践上的。

同时，马克思也有了自己的第三个孩子，这一次，燕妮为他带来了一个可爱的男孩，可以说，这个孩子最像马克思，活泼聪明，对任何事情都充满好奇。

"卡尔，你看他多像你小时候，简直一模一样，孩子长大以后，一定会和你一样有思想有深度的。"燕妮幸福地说着。

马克思笑着说："我们一定要好好培养他，这个可爱的小家伙儿。"

马克思夫妇给儿子取名为"埃德加尔"，没错，用的是燕妮弟弟也就是马克思同窗好友的名字，以此表达他们对埃德加尔的喜爱。

埃德加尔早就得知小埃德加尔的事情，由于事务繁忙，过了很久才来到布鲁塞尔看望马克思一家人。

埃德加尔很喜欢可爱的小埃德加尔，总给他讲很多有趣的童话故事，把小埃德加尔逗得开心地直笑。

埃德加尔来到布鲁塞尔一段时间后，开始

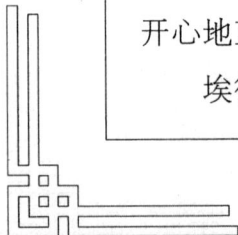

步入工作。他一直很支持马克思和恩格斯的思想和理论，所以，他此番前来，也是为了积极响应马克思和恩格斯创立布鲁塞尔共产主义通讯委员会的号召。

埃德加尔也是一个坚定的无产主义者，他一直深入研究无产阶级相关的形态和斗争，积极投身于各种工人运动和革命宣传工作中。

自 1846 年成立后，布鲁塞尔共产主义通讯委员会已经有了一定的规模。主要成员都是积极活跃的革命兄弟，并且在马克思和恩格斯的带领下，欧洲各国的革命者和进步人士牢牢地团结在一起，使得影响力越来越大。该组织一直致力于无产阶级的理论研究和革命宣传工作。

随着布鲁塞尔共产主义通讯委员会的壮大，各地逐渐成立了分会，比如巴黎、勒阿弗尔、哥本哈根、哥德堡、伦敦、科伦、马德堡、汉堡、爱贝菲特、基尔、莱比锡等城市。

其中主要成员有沃尔弗、海尔堡、魏特林和魏德迈等人。

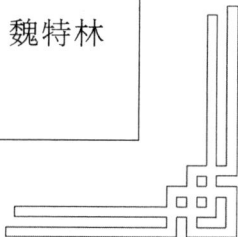

　　组织在壮大的同时，难免会出现理论矛盾的斗争，比如魏特林，他和马克思之间的分歧越来越大。

　　可以说，魏特林是个不折不扣的空想社会主义者，他主张"平均的共产主义"。早在1835年，他就加入了巴黎当时的"正义者同盟"，由于积极的斗争表现，还一度成为其领导人。

　　魏特林一路也不是很顺利，虽然他的观点漏洞百出，但是他本人却一直很坚定，容不得别人的半点否认和批判。

　　1838年，魏特林出版了首部著作《现实的人类和理想的人类》，而后又在1843年发表了《贫困罪人的福音》，还因此书曾被官方逮捕。

　　魏特林不反对进行革命，但是他太少深入实践，只是一味地堆砌理论，完全没有说服力，他还把工人阶级的武装斗争等同于流氓无产者，天真地提倡"二十四小时内就过渡到共产主义"的荒唐之言。

　　马克思一直批判魏特林的错误，也衷心地

希望他能够认识到自己的错误而加以改正，所以他不止一次地在通讯委员会中指出魏特林的思想缺陷。

魏特林还是一如既往地固执己见，渐渐地，他在委员会中越来越孤立无援，大家都反对他的观点，而他自己却丝毫不反省，所以魏特林离开委员会，去了美国，想去那里发展自己的"公社"理论。

但是，错误的理论是永远站不住脚的。很快，魏特林就在政治和革命上彻彻底底地失败和堕落了。

除此之外，还有一种十分错误的思潮蔓延一时，这就是克利盖和格律恩等人的"真正的社会主义"的斗争。

他们一度打着社会主义的旗号，做着反对阶级斗争的事情。他们极力反对武装革命和暴力斗争，还给小私有制和和平改良主义披上了所谓美丽的外衣。这种德国的小资产阶级社会主义思潮，实际上就是费尔巴哈人道主义和蒲鲁东空想社会主义的集合，荒谬无比。

他们还美其名曰"博爱"和"人道",毫无根据地指出要追求一种以爱为基础的共产主义理想。

由于马克思和恩格斯的《德意志意识形态》未能出版,直接削弱了对"真正的社会主义"的批判力度,但是为了真理,马克思和恩格斯一直没有停下脚步。

很快,两人在《反克利盖通告》一文中彻底击败了克利盖,而后又将格律恩的错误思想永远遏制于政治舞台之外。

终于,马克思和恩格斯遇到了最强劲敌——蒲鲁东。是啊,斗争才刚开始。

蒲鲁东是法国小资产阶级社会主义者,同时也是无政府主义的创始人。

他一直和马克思斗争着,看着格律恩等人的相继失败,他再也按捺不住了。

通过给马克思写信的方式,他再次强调自己的观点——反对阶级斗争,鼓吹阶级调和。

很快,他就发表了新书《贫困的哲学》,公开和马克思、恩格斯叫板。

马克思当然不会示弱，他开始潜心研究此书，并且随后完成了《哲学的贫困》一书。

《哲学的贫困》可谓是对蒲鲁东《贫困的哲学》赤裸裸的反击。并且全书用法文完成，更方便其在法国民间流传。一个月后，《哲学的贫困》在巴黎和布鲁塞尔正式出版，很受欢迎。

可以说，《哲学的贫困》就像一枚原子弹，将蒲鲁东的错误思想彻底摧毁。

马克思在书中尖锐地批判了蒲鲁东的唯心主义及形而上学倾向，同时深刻地分析了资产阶级经济学家的根本缺陷。

（二）伟大的《共产党宣言》

夜的魔力，

把我俘虏，

直到睡醒——

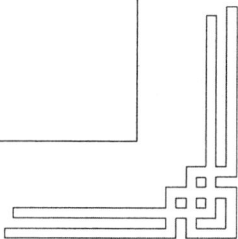

才知道这是场梦。

我陶醉在冥想之中，

丧失了白日的热情，

我在黄昏时的沉思中，

忘却了周围的情形。

我纯洁的心中，

满怀着憧憬，

在漆黑里进入梦境，

我感到安谧宁静。

清早，

我离开梦神摩耳普斯的怀抱，

急急忙忙，

又投入争夺与操劳。

——《梦想》

马克思

"一个幽灵，共产主义的幽灵，在欧洲游

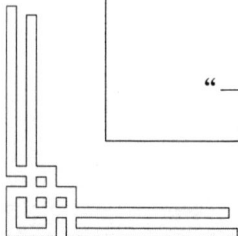

荡。为了对这个幽灵进行神圣的围剿，旧欧洲的一切势力，教皇和沙皇、梅特涅和基佐、法国的激进派和德国的警察，都联合起来了。

有哪一个反对党不被它的当政的敌人骂为共产党呢？又有哪一个反对党不拿共产主义这个罪名去回敬更进步的反对党人和自己的反动敌人呢？

从这一事实中可以得出两个结论：

共产主义已经被欧洲的一切势力公认为一种势力；

现在是共产党人向全世界公开说明自己的观点、自己的目的、自己的意图并且拿党自己的宣言来反驳关于共产主义幽灵的神话的时候了。

为了这个目的，各国共产党人集会于伦敦，拟定了如下的宣言，用英文、法文、德文、意大利文、弗拉芒文和丹麦文公布于世。"

这就是历史上著名的《共产党宣言》的序言部分。

宣言的产生，有一段很长的故事。

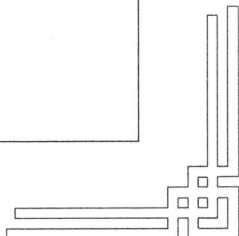

在马克思和恩格斯彻底击败魏特林的"真正的社会主义"后，魏特林所领导的正义者同盟就走向了下坡路，被迫迁到了伦敦。

正义者同盟的其他领导人莫尔和沙培尔也开始认真反思起来，和魏特林不同的是，他们不会固执地一味坚持自己的错误思想，所以，他们很快承认并接受了马克思和恩格斯的理论。

为此，莫尔还很虔诚地从拉芒什海峡来到布鲁塞尔拜访马克思。

莫尔表示了对马克思理论的信服，决定重新发展同盟，让其改头换面，并邀请马克思加入其中。

马克思一方面对莫尔的明智选择深表欣慰，另一方面也顾虑到同盟中在魏特林领导时期的"个人崇拜"和"迷信权威"的不良风气。所以，马克思向莫尔提出了唯一的条件，就是坚决杜绝以上形式的存在。莫尔表示极力赞同。

很快，莫尔对马克思发来了参会邀请，希

望马克思能参加 1847 年 6 月在伦敦召开的同盟第一次代表大会。

马克思很想参加，但是他一时连路费都无法凑齐，所以，他只能委派沃尔弗替他参加，同时和恩格斯取得联系，让他作为巴黎方面的代表出席。

1847 年 6 月 2 日至 9 日，正义者同盟代表大会终于在伦敦成功召开，并且改名为"共产主义者同盟"。

大会还通过了马克思和恩格斯起草的《章程草案》，与会人员积极探讨了恩格斯的《共产主义信条草案》。

更激动人心的是，大会决定不再使用"人人皆兄弟"的错误口号，改为马克思和恩格斯提出的"全世界无产者，联合起来"的新口号，此口号得到了一致赞同。

在第一次代表大会召开后不久，同盟会又结合最新的社会实际情况举行了第二次代表大会，来进一步巩固第一次代表大会的成果，同时继续商讨同盟的章程和纲领。

大会上，大家都积极响应马克思和恩格斯的号召，共同呼吁马克思能亲自出席，指出会共同帮助马克思解决经济上的困难，对马克思支持到底。

马克思和恩格斯也分别被选为布鲁塞尔和巴黎的盟员代表。

可以说，第二次代表大会的召开有着极其重要的历史意义，从此第一个用马克思主义作为指导思想的无产阶级组织正式在国际共产主义运动史上诞生了，从而使马克思主义者在创立无产阶级政党的道路上向前迈出了坚实而有力的一大步。

恩格斯在《共产主义信条草案》的基础上形成了《共产主义原理》一书，但还是觉得不够完善。

随后，恩格斯和马克思两人在奥斯坦德的一家旅馆里会面，共同商讨一系列问题。两人决定把《共产主义原理》改写成一篇无产阶级政党的战斗宣言，使之更有感染力和传播力。

同时，两人还就即将开幕的第二次代表大

会的纲领问题进行了彻夜讨论。

11月29日，大会正式举行，经过积极的讨论，大会批准了《共产主义同盟章程》，并且正式委托马克思和恩格斯起草纲领，作为宣言公布于世。

大会最终明确了国际工人运动的目标，也即同盟工作的目的为建立无产阶级统治，彻底推翻资产阶级政权，消灭旧的以阶级对抗为基础的资产阶级社会，建立没有阶级、没有私有制的新社会。

会后，马克思回到了布鲁塞尔，恩格斯因有事回到了巴黎。

在燕妮的协助下，马克思开始一字一句地斟酌写作纲领，同盟会不断地发来电报催稿，最后马克思终于信心满满地将手稿寄到了伦敦。

在沙培尔的校对和核准下，1848年2月，一部凝结了马克思和恩格斯心血的划时代的著作终于问世了，这就是在本章开头提到的《共产党宣言》。

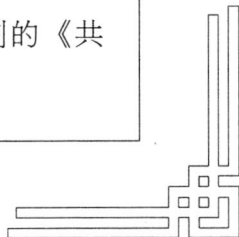

《共产党宣言》对革命风暴起着推波助澜的作用，它标志着马克思主义的诞生，也标志着科学共产主义的诞生。

随后，一系列的武装革命在《共产党宣言》科学理论的指导下展开了，革命首先从意大利的巴勒莫开始，很快就蔓延到了整个欧洲。

巴黎也爆发了"二月革命"，很多群众都上街游行，几天后，和平示威转变成了大规模的武装对抗。

终于，七月王朝垮台了，取而代之的是法兰西第二共和国。革命仍在如火如荼地进行中。

战斗的气氛也充斥着布鲁塞尔，街道上挤满了抗议的人群，大家都很支持马克思的指导思想，纷纷响应无产阶级，主张废除君主制度，建立民主共和国。

随着群众呼声的增强，比利时政府再也按捺不住了，开始对群众进行强制驱逐，并日夜进行监视，一时间比利时上下变得异常紧张。

（三）《新莱茵报》

你把最珍贵的语言，
送给了纷纭的众人；
你的话语刚出口，
就传播得很远很远。

最好把这些美丽的语言，
书写在细小的羊皮纸上，
若能传到我的身边，
定能解除我心中的愁烦。

若没有这贴心的话语，
我的住处该有多么凄凉，
愿你的爱情带来温暖，
燃烧在我的心间。

也许你的语言，

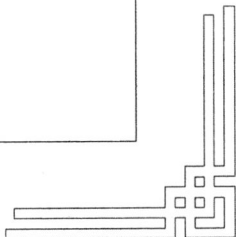

是一剂奇异的妙药灵丹，

只要诵读它们，

我的眼前就豁然开朗。

——《希望》

马克思

　　该来的总归要来，就像人心惶惶的布鲁塞尔，马克思早已预料到自己即将被驱逐的命运。

　　一天，马克思一家正在家里用餐，比利时的警察破门而入，强行押走了马克思。

　　燕妮非常担心害怕，她随后去找所有熟人帮忙，可不幸的是，燕妮自己最后也被政府关进了监狱。当地群众知道了这种情况后，纷纷走上街头抗议。

　　在群众和进步人士的坚持下，当局迫于压力，很快释放了马克思夫妇，但驱逐已成为不变的事实。

　　在此期间，马克思的朋友沃尔弗得到了父亲的一笔遗产，他打算用来购置武装斗争所需要的军火。

虽然只要拿出这笔钱的一小部分就可以改善马克思的生活，但是为了革命事业，大家决定把这笔遗产全部用来革命，不管生活条件再艰苦都不能挪用。

这就是他们顽强的战斗精神。

就在马克思一家为驱逐而不知所措时，马克思意外地接到了来自法国临时政府的邀请信，信中表明马克思可以暂时到法国来避难。

去法国成了当时唯一的选择，很快，一家人就动身来到了巴黎。

在巴黎的日子可谓非常不愉快，事实上，马克思一家只在这里住了一个月的时间。

在三色旗下，共产主义同盟又开始了新一轮的工作。马克思很快和沃尔弗、沙培尔等人组建了新的中央委员会，并由马克思担任主席，来领导工作。

工作之余，马克思夫妇还看望了老朋友海涅，如今的海涅生活在贫困和痛苦中，落魄不堪，妻子也对其置之不理。

看到海涅的情况，马克思心痛不已，他还清楚地记得曾经和海涅一起为革命事业战斗的日子，他紧握着海涅的双手，眼眶不禁湿润起来。

海涅也激动起来："我的老朋友，我就快不行了，但是能再见到你一面，我再也没什么遗憾了。"

没过多长时间，马克思又得知了"革命义勇军"要杀回德国的消息，而领导人居然是昔日的战友海尔维格，马克思清楚地意识到了行动的不理智和必将产生的惨重后果，所以，他主动找到了海尔维格。

马克思向海尔维格分析了形势和利弊，并劝诫他谨慎行事。可海尔维格早已被先前的胜利冲昏了头脑，战斗情绪高亢，根本听不进马克思的话，还理直气壮地和马克思争论，最后还指责马克思是个懦夫，没有勇气和冒险精神。

面对海尔维格的冲动和强势，马克思无言以对，但他着实为海尔维格的轻率而担心。

　　为了减少海尔维格"革命义勇军"的人员损失，马克思开始进行一系列的宣传工作，使其中一部分人及时觉醒。

　　而后，埃德加尔来到了巴黎，和马克思一家相聚，与此同时，他还带来了一个不好的消息——海尔维格的"革命义勇军"在德国正规军的攻击下全军覆没，海尔维格等主要领导人也逃到瑞士去了。

　　马克思听后痛心地说道："这个固执的海尔维格，我早劝诫过他，可他就是不听。这次的教训对他来说够大了，但愿他日后能冷静下来，理智科学地搞革命。"

　　埃德加尔并没有在巴黎待很长时间，很快就只身一人到乡下的农场去了，他一向感情用事，现在他突然决定暂时退出革命，冷静思考一段时间。

　　虽然，马克思一家人很是不舍，但他们最后还是尊重了埃德加尔的决定。

　　随后，马克思和恩格斯又为新的战斗完成了《共产党在德国的要求》一书。

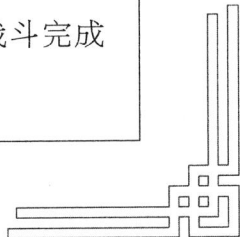

很快，马克思一家搬出巴黎，燕妮和琳蘅带着孩子们先暂回特利尔，等待安顿好后再和马克思相聚。

另一边，马克思和恩格斯一起来到科伦，决定在这里进行新的战斗，并且把科伦作为革命活动的政治中心。

科伦发达的工业和强大的无产阶级力量，加上之前《莱茵报》在这里的影响力等诸多因素都让科伦成为最佳选择。

一切安顿好后，马克思一家再次在科伦团聚。在紧张的革命斗争中，马克思也没有忽略对孩子们的疼爱和关心，他常常陪三个孩子玩游戏，还扮作马儿让孩子们骑在身上，他从来不会因为工作的繁重而抱怨孩子们的吵闹，相反，他总是想办法让几个孩子开心。

因为马克思黝黑的肤色，一家人都亲切地喊他"摩尔"。有趣的是，"摩尔"在希腊文中正是"皮肤黝黑"的意思。

一切稳定后，马克思开始进行下一步的工作。当时的形势很复杂，马克思需要掌握同盟在各地的力量，并且及时地发出指示。可这并不是一件容易的事情，他需要战友们反馈最新的信息和思想动态，所以，当务之急必须解决这个问题。

经过反复思考，马克思想到了曾经的《莱茵报》，他想，为什么不能再重办《莱茵报》呢？这样一来，所有沟通的问题都能随着报纸的流通解决了。

马克思说到做到，马上开始进行创办《新莱茵报》的筹备工作，但这一切可谓困难重重，因为办一份有影响力的报纸要受到很多外界因素的影响，要请好的编辑，要有财力雄厚的股东，当然最主要的就是资金，这也是眼下最让马克思感到棘手的问题。

后来的一段时间，马克思和恩格斯就奔波各地，找战友们筹备资金，大家都很支持，纷纷解囊帮助，但最后还是连预算的一半都不够。

过了几天，一个好消息从燕妮那里传来："卡尔，你的母亲现在彻底原谅了你，她

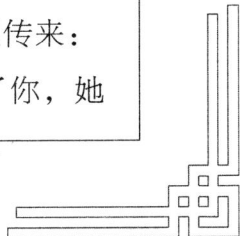

也真正为你感到自豪，她在信中说你做的事业是一项伟大的事业，她很抱歉现在才理解你。所以，她决定把你父亲的遗产分给你，一共是5500塔勒，卡尔，你听到了吗，是5500塔勒!"

马克思顿时激动地抱起燕妮说道："太好了，太好了，这下创办杂志的钱就凑够了，以后就能把同盟中央的精神及时传递出去了。"

就这样，1848年6月1日，《新莱茵报》终于诞生了。

纵观马克思的青年时代，他走过的是一条充满坎坷又通向无限光明的道路，他对真理的孜孜以求，对革命的坚定无畏，对理想的奋力拼搏，永远值得我们学习!

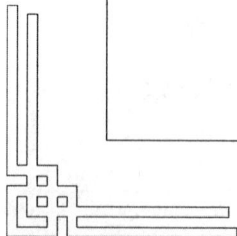